Indisch
kochen

AUTORIN: TANJA DUSY
FOTOS: KLAUS-MARIA EINWANGER UND MICHAEL PANNEWITZ

Praxistipps

Extra

Rezepte

Die Küchen Indiens

Von kurkumagelb bis chilischarf: Indiens Küche betört alle Sinne. Sie ist abwechslungsreich, immer wieder neu und stets überraschend.

Die Einheit in der Vielfalt

Indien ist kaum zu fassen. Hier leben Hindus, Muslims, Jains, Buddhisten und Christen und bilden zusammen ein buntes Mosaik vielfältigster Lebensformen. Ihre kulinarischen Vorlieben sind dabei ebenso unterschiedlich wie faszinierend und bedingen letztlich das, was unter dem globalen Begriff »indische Küche« kaum zu fassen ist.

Viele Hindus ernähren sich strikt vegetarisch. Im Norden ist dagegen deutlich der Einfluss der einstigen muslimischen Herrscher, der Mogul-Fürsten, erkennbar. Sahnecremige, oft üppige Fleischragouts mit Nüssen und Trockenfrüchten sind ihr kulinarisches Erbe, ebenso wie die berühmten Tandoor-Grillgerichte. Der verschwenderische Umgang mit Ghee – geklärter Butter – und teuren Gewürzen zeichnen diese einst königliche Küche aus. Im Süden wird fettärmer, reduzierter gekocht: Grüne Chilischoten, Curryblätter und viel frische Kokosnuss machen die elegante Würze dieser feinen Küche aus. Reis gehört zu jeder Mahlzeit, wogegen im Norden häufiger Brot gegessen wird. Der karge Wüstenstaat Rajasthan im Westen wartet mit deftigen Fleischgerichten auf, sein Nachbar Gujarat mit einfallsreicher vegetarischer Kost. Goa ist berühmt für die Fischküche, und viele der von den Portugiesen beeinflussten Gerichte gelten als die schärfsten überhaupt. Dagegen machen seine leichten Fisch- und Gemüsegerichte Bengalen in Indiens Osten für Feinschmecker besonders attraktiv.

Indisch kochen

Für indische Hausfrauen ist die Zubereitung der täglichen Mahlzeiten eine Vollzeitbeschäftigung. Das möchten wir Ihnen natürlich nicht zumuten. Obwohl unsere Rezepte so authentisch wie möglich gehalten sind, haben wir sie europäischen Gegebenheiten angepasst. Besondere Geräte sind nicht vonnöten. Einzig ein Mörser zum Mahlen der Gewürze ist unerlässlich. Ein beschichteter Wok oder eine Wokpfanne sind ideal zum Braten bei hoher Hitze, die bei der charakteristischen Zubereitung der Saucen erforderlich ist.

Gewürze sind das A und O der indischen Küche. Legen Sie sich einen Grundstock an gemahlenen Gewürzen an (siehe Seite 6). Mit Kurkuma- und Chilipulver, gemahlenem Koriander und Garam Masala kommen Sie sehr weit! Jedes weitere Gewürz setzt feine Nuancen, die Sie mit der Zeit lieben werden.

Das Arbeiten am Herd braucht etwas Geduld und Aufmerksamkeit. Stellen Sie sich alle Gewürze bereits abgemessen und in der Reihenfolge im Rezept bereit. Das Braten selbst geht oft schnell und unter großer Hitze vor sich. Da heißt es beim Rühren am Ball bleiben. Dabei sollten Sie ab und an Pfanne oder Wok kurz vom Herd nehmen und daneben weiterrühren – so brennt garantiert nichts an. In Indien werden Zwiebeln nicht nur glasig gedünstet, sondern meist richtig braun angebraten. Das gibt jede Menge Aroma. Ist erst einmal alles angebraten, geht es meist geruhsam zu.

Streetfood in Varanasi

Crawfordmarket in Mumbai

Pickles und Chutneys

Indisch essen

In Indien sitzen meist viele Leute am Tisch. Reis und/oder Brot bilden die Basis. Dazu kommt unbedingt ein Gericht aus Hülsenfrüchten – ein Dal. Vegetarier ergänzen dies um 2–4 Gemüsegerichte, Nicht-Vegetarier durch 1 Fleisch- und /oder 1 Fischgericht und 2–3 Gemüsebeilagen.

Unsere Rezepte sind an europäischen Gewohnheiten und Portionen orientiert. So reicht bei einer Einladung für Gäste eine Kombination mehrerer Speisen, von denen dann jeder etwas nimmt. Ganz wie in Indien!

Beim Kombinieren der Speisen sollten Sie auf unterschiedliche, sich ergänzende Aromen und Konsistenzen setzen. Ein scharfes Fleischcurry zum milden Gemüsegericht, die knusprig frittierten Teigtaschen mit einem cremigen Joghurtcurry oder Fischgericht in Sauce. Fein ausbalanciert präsentiert sich ein gutes Menü in Indien. Das ist kein Zufall, denn auch die ganz alltägliche Küche basiert in Indien nach wie vor auf den uralten Prinzipien des Ayurveda – der Lehre vom langen Leben.

Begrüßen Sie Ihre Gäste mit einem kleinen Snack oder einem Gläschen Lassi. Reichen Sie Häppchen oder einfach fertig gekaufte Pappadums (Linsenfladen), die nur kurz vorher in wenig heißem Öl frittiert werden, mit einer Raita oder einem Chutney.

Wenn Sie Ihre Gäste anschließend richtig verwöhnen wollen, servieren Sie ein ganzes Thali: Auf einem großen Teller (Thali = Teller) oder einer Messingplatte werden die einzelnen Gerichte in Schälchen oder als kleine Häufchen angerichtet. Die Mitte bildet eine große Portion Reis, darauf legt man evtl. Brote wie Chapatis oder Pooris. Die Zusammenstellung der Gerichte können Sie noch durch fertige Chutneys und Pickles aus dem Asienladen ergänzen. Auch ein Schälchen Joghurt gehört unbedingt dazu, nicht zuletzt um Zunge und Geschmacksnerven zu kühlen und zu erfrischen. Das beste Getränk ist einfaches (Mineral-)Wasser mit etwas Zitronensaft. Wer will, kann aber auch ein Bier oder einen leichten, nicht zu trockenen Weißwein trinken, z. B. Riesling. Mit frischen Früchten oder einem kleinen Dessert lässt sich das indische Festmenü bestens beschließen.

Indische Gewürze

Ihr Duft und Aroma macht die indische Küche einzigartig: Von diesen wichtigen Gewürzen aus dem Asienladen sollten Sie sich eine Grundausstattung anlegen.

Ingwer (Adrak) Ingwer wird fast immer frisch verwendet. Nur so kommt das zitronige, leicht scharfe Aroma zur Geltung – Ingwerpulver ist kein Ersatz. Die Knolle sollte immer prall, fest und damit saftig sein. So lässt sie sich gut reiben oder hacken. Geriebener Ingwer- und Knoblauch sind Grundlage vieler nordindischer Gerichte.

Chilis (Mirch) Frisch sind vor allem grüne **Chilischoten** gefragt, die in Indien nicht extra entkernt werden. Wer es aber weniger scharf will, entkernt sie am besten mit Gummihandschuhen. **Chilipulver** aus getrockneten Chilis ist schärfer und weniger frisch im Geschmack. Beides ist aber, falls eines nicht im Haus ist, durch das andere ersetzbar. Achtung: Im Supermarkt verbirgt sich hinter dem Begriff Chili oft eine ungeeignete Gewürzmischung.

Curryblätter (Karhi Patta) Die frischen Blätter des Currybusches sind eine typische Würzzutat Südindiens. Getrocknete Blätter sind kein adäquater Ersatz, nur notfalls verwenden; frische können aber gut eingefroren werden. Manche Asienläden haben sie ebenfalls bereits in der Tiefkühltruhe.

Senfkörner (Rai) Die kleinen braunen Senfkörner ähneln im Geschmack europäischen gelben. Sie sollten nicht zu lange gebraten werden, da sie sonst bitter werden.

Kreuzkümmel (Jeera) Sie können ihn häufig im Supermarkt-Gewürzregal finden, evtl. auch unter der Bezeichnung Kumin. Sein starkes, leicht herbes Aroma ist nicht mit normalem hiesigem Kümmel vergleichbar.

Koriander (Dhaniya) Die kugelrunden Körner entfalten ihr süßlich-fruchtiges Aroma am besten, wenn sie in einem kleinen Pfännchen kurz ohne Fett angeröstet werden. Aus Koriandersamen können Sie auch selbst Koriandergrün ziehen.

Kurkuma (Haldi) Das leuchtend gelbe Pulver aus den getrockneten Wurzeln der Kurkumapflanze gibt Currymischungen ihre besondere Farbe. Sein Geruch und Aroma sind erdig-bitter und leicht scharf, es ist aber in Gerichten sehr angenehm. Vorsicht beim Arbeiten mit Kurkumapulver! In Verbindung mit Wasser macht es schwer entfernbare Flecken.

Kardamom (Elaichi) Grüne Kardamomkapseln sollten Sie aufdrücken oder -schneiden. Die darin enthaltenen, schwarzen Körner haften bei frischem Kardamom leicht klebrig aneinander. Die Körner vor dem Verarbeiten leicht anquetschen, so entfalten sie mehr Aroma. Braune Kardamomsamen sind größer und erinnern im Geruch an Medizin. Deshalb: sparsam verwenden.

Garam Masala Übersetzt bedeutet Garam Masala »heiße Mischung«. Es besteht meist aus den Grundgewürzen Koriander, Kreuzkümmel, Nelken, Zimt, Kardamom und Muskat. Die Mischung kann aber von Hersteller zu Hersteller variieren. Das Gewürzpulver finden Sie leicht im Asienladen oder häufig auch im Supermarkt.

Ingwer

Chilis

Curryblätter

Senfkörner

Kreuzkümmel

Koriander

Kurkuma

Kardamom

Garam Masala

Kleinigkeiten und Brot

Vorspeisen im Sinne einer europäischen Speisefolge kennt man in Indien nicht. Dafür werden rund um die Uhr viele leckere Snacks geknabbert. Diese Kleinigkeiten eignen sich aber genau wie frischer Salat und Brot mit etwas Chutney oder Raita wunderbar als Eröffnung eines Essens. So reiche ich die gebratenen Kichererbsenwürfel besonders gerne zum Aperitif mit Freunden.

Gebratene Kichererbsenwürfel

1 Knoblauchzehe
1 Stück frischer Ingwer (ca. 2 cm)
300 g Joghurt
½–¾ TL Chilipulver
½ TL Kurkumapulver
250 g Kichererbsenmehl
½ Bund Koriandergrün
Salz | 7 EL Öl
1 TL braune Senfkörner
Saft von 1 Zitrone

Für 4–6 Personen
25 Min. Zubereitung | 2 Std. Ruhen
Für 4 pro Port. 420 kcal, 15 g EW, 22 g F, 43 g KH

1 Knoblauch schälen, durchpressen. Ingwer schälen, fein hacken oder reiben. Beides mit Joghurt, Chili- und Kurkumapulver und 220 ml Wasser verrühren. Kichererbsenmehl nach und nach einrühren und zu einem glatten Teig verarbeiten. Koriandergrün waschen, ein Drittel der Blättchen beiseite stellen, den Rest fein hacken und unter den Teig rühren, kräftig mit Salz würzen.

2 Knapp 5 EL Öl in einer beschichteten hohen Pfanne erhitzen. Teig hineingeben, mit einem Holzlöffel rühren, bis er sich als fester Kloß vom Pfannenboden löst. Eine flache Schale mit ½ EL Öl ausfetten, den Teig darauf geben und ca. 2 cm hoch glatt streichen. Zugedeckt 2 Std. ruhen lassen.

3 Kichererbsenteig in Würfel schneiden. Übriges Öl erhitzen, Senfkörner zufügen, 30 Sek. anbraten, die Teigwürfel zugeben. Rundherum in 3–5 Min. anbraten, bis sie leicht gebräunt sind. Anrichten, mit Korianderblättchen bestreuen und mit Zitronensaft lauwarm oder kalt servieren.

1

2

3

4

5

Snack-Klassiker

Samosa mit Minzchutney

Diese knusprigen Teigtäschchen gibt es in ganz Indien an jeder Straßenecke zu kaufen. Kein Wunder: Sie sind wirklich unwiderstehlich!

Für das Chutney
1 Bund Minze (ca. 100 g)
½ Bund Koriandergrün (ca. 50 g)
1 grüne Chilischote
1 Knoblauchzehe
Saft von ½ Zitrone
Salz | 2 EL Joghurt (nach Belieben)

Für die Samosa
750 g fest kochende Kartoffeln
Salz | 200 g TK-Erbsen
7 EL Ghee
¾ TL Kreuzkümmelsamen
1 TL gemahlener Koriander
½ TL Chilipulver
1 TL Garam Masala
4 EL gehacktes Koriandergrün
300 g Weizenmehl
Öl zum Frittieren
Mehl zum Arbeiten

Für 12 Stück
100 Min. Zubereitung | 15 Min. Ruhen
Pro Stück ca. 295 kcal, 6 g EW, 16 g F, 32 g KH

1 Für das Chutney Minze und Koriandergrün waschen und trockentupfen, die Blättchen und zarten Stiele zerschneiden. Chilischote hacken. Knoblauch schälen und hacken. Mit Zitronensaft und evtl. etwas Wasser im Blitzhacker pürieren. Mit Salz würzen und nach Belieben Joghurt unterrühren.

2 Die Kartoffeln waschen und in ausreichend Salzwasser in ca. 25 Min. garen. Inzwischen die Erbsen antauen lassen. Kartoffeln abgießen, leicht abkühlen lassen, pellen und mit einem Kartoffelstampfer zerdrücken.

3 In einer Pfanne 3 EL Ghee erhitzen, darin Kreuzkümmel braten, bis er knistert. Kartoffeln, Erbsen und die gemahlenen Gewürze zugeben. Ca. 5 Min. unter Rühren braten, evtl. etwas Wasser zugeben, so dass eine breiige, aber feste Masse entsteht. Salzen, das Koriandergrün unterrühren und abkühlen lassen.

4 Inzwischen Mehl mit etwas Salz, 4 EL flüssigem Ghee und 150 ml Wasser mit den Händen erst zu Krümeln, dann zu einem festen Teig kneten. Zur Kugel formen und in einem feuchten Geschirrtuch 15 Min. ruhen lassen.

5 Kartoffelmasse in 12 Portionen teilen. Teig zu 6 Kugeln formen. Jede Kugel auf bemehlter Arbeitsfläche zu Kreisen von 18 cm Ø ausrollen. Kreise halbieren (Bild 1), zu Tüten zusammenklappen (Bild 2), die gerade Naht zusammendrücken. 1 Portion Füllung hineingeben (Bild 3), oben ebenfalls zudrücken (Bild 4). So 12 Täschchen formen.

6 Das Öl in einem Topf erhitzen, darin die Samosa portionsweise in 4–6 Min. rundum goldgelb frittieren. Auf Küchenpapier abtropfen lassen. Warm mit dem Chutney und/oder dem Tamarinden-Dattel-Chutney (siehe Seite 21) servieren.

Kebab | einfach

Würzige Fleischplätzchen

1 Stück frischer Ingwer (ca. 2 cm)
1 Knoblauchzehe
1 Zwiebel
½ TL Kreuzkümmelsamen
3 EL Kichererbsenmehl
8 Stängel Minze
2 TL Garam Masala | 1 Ei
500 g Lamm- oder Rinderhackfleisch
Salz | Pfeffer
Öl zum Braten

Für 4 Personen
35 Min. Zubereitung | 30 Min. Ruhen
Pro Portion ca. 415 kcal, 32 g EW, 30 g F, 5 g KH

1 Den Ingwer schälen und fein hacken oder reiben. Knoblauch und Zwiebel schälen, Zwiebel fein hacken. Kreuzkümmelsamen grob zerstoßen.

2 Kichererbsenmehl in einer Pfanne rösten. Herausnehmen, abkühlen lassen. In derselben Pfanne 1 EL Öl erhitzen, darin die Zwiebel anbraten. Kreuzkümmel zugeben und Knoblauch dazupressen, unter Rühren 1 Min. weiterbraten, beiseite stellen.

3 Minze waschen und trockenschütteln, die Blättchen fein hacken. Mit Ingwer, Zwiebelmasse, Garam Masala, Kichererbsenmehl und Ei unter das Hackfleisch mischen, salzen und kräftig pfeffern. Die Hackmasse zu 12 Bällchen formen und leicht platt drücken. Möglichst 30 Min. kühl stellen.

4 Ausreichend Öl erhitzen, darin die Fleischplätzchen portionsweise beidseitig ca. 7–10 Min. braun braten. Mit Gurken-, Tomatenscheiben, Zwiebelringen und Zitronenachteln servieren.

Tandoori-Klassiker | für den Grill

Hähnchen-Tikka

750 g Hähnchenbrustfilet
2 Knoblauchzehen
1 Stück frischer Ingwer (ca. 5 cm)
½ TL gemahlener Kreuzkümmel
½ TL gemahlener Kardamom
½ TL Kurkumapulver
½ TL Chilipulver
1½ EL Kichererbsenmehl
2 EL Zitronensaft | 3 EL Joghurt
Salz | Pfeffer
2 EL flüssiges Ghee

Für 4–6 Personen
25 Min. Zubereitung | 4 Std. Marinieren
Für 4 pro Port. 285 kcal, 45 g EW, 8 g F, 5 g KH

1 Das Fleisch quer in ca. 2 cm breite Streifen schneiden. Knoblauch und Ingwer schälen, Knoblauch durchpressen, Ingwer fein reiben. Beides mit den Gewürzen, Kichererbsenmehl, Zitronensaft und Joghurt verrühren, salzen und pfeffern. Das Fleisch damit mischen und zugedeckt im Kühlschrank 4 Std. marinieren.

2 Den Backofengrill vorheizen. Fleisch auf einen Rost legen und unter den heißen Grill schieben, darunter eine Fettpfanne schieben. Das Fleisch in 8–12 Min. knusprig goldgelb grillen, dabei ca. 2-mal mit flüssigem Ghee bepinseln oder beträufeln. Die Hähnchenstücke mit Zitronenachteln, Brot und evtl. einer Raita servieren.

TIPP – SOMMER-TIKKAS

Im Sommer sind diese Fleischstückchen natürlich ideal für den Holzkohlegill.

links: Würzige Fleischplätzchen | rechts: Hähnchen-Tikka

knusprig

Gemüse-Pakoras

Feine Sachen knusprig ausgebacken – der Pakorateig ist einfach genial wandelbar für die unwiderstehlichsten Vorspeisen oder Snacks.

500 g Gemüse (z. B. Auberginen, Kartoffeln, Gemüsezwiebeln, Paprikaschoten)
Für den Teig: 250 g Kichererbsenmehl | ⅓ TL Backpulver | 1 TL Kreuzkümmelpulver | ½ TL Chilipulver | 1 TL Ajowan | Salz | Öl zum Frittieren

Für 4–6 Personen | 45 Min. Zubereitung
Für 4 pro Port. 320 kcal, 14 g EW, 15 g F, 33 g KH

1 Die Gemüse waschen, putzen und ggf. schälen. Die Auberginen in ½ cm dicke Scheiben, Kartoffeln in 3 mm breite Scheiben, Zwiebel in ½ cm breite Ringe und die Paprikaschoten in 2 cm breite Streifen schneiden.

2 Für den Teig das Mehl mit Backpulver, den Gewürzen und Salz mischen, nach und nach 250–300 ml Wasser unterrühren. Mit einem Schneebesen zu einem dickflüssigen Teig rühren, evtl. etwas Wasser zugeben.

3 Das Öl in einem Topf oder Wok erhitzen. Das Gemüse portionsweise durch den Teig ziehen und im heißen Öl in ca. 3–5 Min. goldgelb frittieren. Herausnehmen, auf Küchenpapier abtropfen lassen und mit Minzchutney (siehe Seite 11) servieren.

VARIANTE – FISCH-PAKORAS

450 g festfleischiges, weißes Fischfilet (z. B. Rotbarsch oder Seelachs) in ca. 4 cm breite Streifen oder Würfel schneiden. Mit dem Saft von 1 Zitrone, Pfeffer, ½ TL Kurkumapulver mischen und 1 Std. marinieren. Den Teig wie oben zubereiten (wer will, gibt noch 3 EL gehacktes Koriandergrün und 2 gehackte grüne Chilischoten dazu). Fisch durch den Teig ziehen und wie im Rezept beschrieben ausbacken.

Delhi Straßensnack

Brot-Pakoras

250 g Kichererbsenmehl | ⅓ TL Backpulver | ½ TL gemahlener Koriander | je ¼ TL Kurkuma- und Chilipulver | Salz | 2 mittelgroße Pellkartoffeln (vom Vortag) | 6 Scheiben Toastbrot | 3 EL Minzchutney (siehe Seite 11) | Öl zum Frittieren

Für 4–6 Personen | 35 Min. Zubereitung
Für 4 pro Port. 430 kcal, 16 g EW, 16 g F, 56 g KH

1 Aus Kichererbsenmehl, Backpulver, Koriander-, Kurkuma- und Chilipulver mit ca. ¼ l Wasser einen nicht zu dünnflüssigen Teig anrühren, salzen.

2 Die Kartoffeln pellen, in dünne Scheiben schneiden und auf 3 Toastscheiben verteilen. Die übrigen Brotscheiben mit Chutney bestreichen, auf die Kartoffelbrote klappen, andrücken und diagonal halbieren. Die Brote vorsichtig durch den Teig ziehen und portionsweise im heißen Öl hellbraun frittieren. Die Brotecken nochmals diagonal halbieren und z. B. mit dem Tamarinden-Dattel-Chutney (siehe Seite 21) servieren.

aus Südindien

Kartoffel-Nuss-Bällchen

1 Portion Pakora-Teig (ungewürzt, siehe Seite 14) | Pfeffer | 500 g Pellkartoffeln (vom Vortag) | 6 EL Cashewnusskerne | 1 Zwiebel | 1 grüne Chilischote | 2 EL Öl | ½ TL braune Senfkörner | Salz | ¼ TL Kurkumapulver | 2 EL gehacktes Koriandergrün | 1 EL Zitronensaft, frisch gepresst | Öl zum Frittieren

Für 16 Stück | 1 Std. Zubereitung
Pro Stück ca. 130 kcal, 5 g EW, 7 g F, 13 g KH

1 Teig wie auf Seite 14 beschrieben zubereiten, allerdings nur mit Salz und Pfeffer würzen.

2 Kartoffeln pellen, zerdrücken. Cashewnusskerne hacken. Zwiebel schälen, mit Chilischote hacken. Öl erhitzen, Zwiebel und Cashewnusskerne darin hellbraun braten. Chili und Senfkörner 1 Min. mitbraten. Kartoffeln zugeben, 1 Min. gut durchrühren. Mit Salz, Kurkumapulver, Koriandergrün und Zitronensaft mischen. Aus der abgekühlten Masse 16 Bällchen formen. Durch den Teig ziehen, in Öl backen.

Streetfood der feinen Art

Indische Hähnchen-Wraps

Wer nach Kalkutta kommt, muss sie probieren: Kathi Rolls – üppige, mit Lammfleisch gefüllte Brotfladen. Ich liebe diese leichte Variante meiner indischen Freundin Anita.

4 Chapatifladen (siehe Seite 65, ersatzweise
4 Tortilla-Wraps aus dem Supermarkt)
1 Hähnchen (ca. 1 kg, in 6–8 Teile zerteilt)
6 grüne Kardamomkapseln
8 Nelken
1 ½ Stangen Zimt
Salz | Pfeffer
1 große Zwiebel
1 Stück frischer Ingwer (ca. 4 cm)
2 Knoblauchzehen
3 EL Öl
300 g stückige Tomaten (aus der Dose)
1 ½ TL gemahlener Kreuzkümmel
¾ TL Chilipulver
½ TL brauner Zucker
1 Ei

Für 4 Personen | 30 Min. Zubereitung (ohne Chapatifladen) | 90 Min. Garen
Pro Portion ca. 590 kcal, 46 g EW, 33 g F, 27 g KH

1 Chapatifladen nach Rezept zubereiten und mit Ghee bestreichen, damit sie elastisch bleiben. Hähnchenteile häuten und kalt abspülen. Kardamomkapseln anquetschen, mit Nelken und Zimt in einem Topf anrösten, bis sie aromatisch duften. 400 ml Wasser zugießen, salzen und kräftig pfeffern. Die Hähnchenstücke einlegen, aufkochen und zugedeckt bei schwacher Hitze 1 ½ Std. köcheln, dann abkühlen lassen.

2 Hähnchenfleisch von den Knochen lösen, in feine Streifen zupfen. Hähnchenbrühe durch ein Sieb abgießen, auffangen. Zwiebel schälen, halbieren und in feine Streifen schneiden. Ingwer schälen und fein hacken oder reiben. Knoblauch schälen.

3 Das Öl in einer Pfanne oder im Wok erhitzen, darin die Zwiebel hellbraun braten. Ingwer dazugeben und Knoblauch dazupressen und unter Rühren ca. 1 Min. braten. Tomaten, gemahlenen Kreuzkümmel, Chilipulver und Zucker zugeben, unter Rühren 4–6 Min. braten, bis die Flüssigkeit fast verdampft ist und sich die Tomaten dunkel färben.

4 Das Fleisch zugeben und offen bei schwacher Hitze 5–7 Min. braten, dabei gelegentlich rühren und ab und zu einen Löffel Hähnchenbrühe zugeben. Das Fleisch sollte eher trocken und nur mit etwas Sauce überzogen sein. Vom Herd nehmen.

5 Das Ei verquirlen. Eine Pfanne erhitzen, die Chapatifladen darin auf einer Seite erhitzen, auf die obere Seite knapp 1 EL Ei geben, verstreichen und braten, bis es stockt. Ein Viertel der Fleischmasse darauf geben, aus der Pfanne nehmen und zu einer Rolle aufrollen. So alle Chapatifladen und den Rest der Fleischmasse verarbeiten. Warm servieren.

TIPP – GANZ SCHÖN FRISCH

Schön frisch werden die Rollen, wenn Sie zusätzlich etwas klein gewürfelte Tomaten und frischen Salat einrollen, z. B. Römersalat in Streifen oder Rucolablätter.

Cachumber | erfrischend

Tomaten-Gurken-Salat

1 rote Zwiebel | 2 Tomaten | 1 kleine Salatgurke | ½ TL Kreuzkümmelsamen | ¼ Bund Koriandergrün | 3 EL Zitronensaft, frisch gepresst | Salz | Pfeffer

Für 4 Personen | ◷ 15 Min. Zubereitung
Pro Portion ca. 15 kcal, 1 g EW, 1 g F, 3 g KH

1 Die Zwiebel schälen und in Ringe schneiden. Tomaten waschen und in Würfel schneiden, dabei den Stielansatz entfernen. Gurke schälen und ebenfalls würfeln.

2 Die Kreuzkümmelsamen in einer Pfanne ohne Fett rösten, bis sie duften, abkühlen lassen.

3 Koriandergrün waschen und trockenschütteln, die Blättchen hacken. Mit Zitronensaft, Salz, Pfeffer und Kreuzkümmel verrühren. Unter das Gemüse mischen und ca. 15 Min. durchziehen lassen.

ungewöhnlich | macht satt

Kichererbsen-Salat

500 g fest kochende Kartoffeln | 1 kleine Dose Kichererbsen (265 g Abtropfgewicht) | 1 Granatapfel | 1 rote Zwiebel | 5 EL Zitronensaft, frisch gepresst | 4 EL Salatöl (z. B. Rapsöl, Sonnenblumenöl) | 1½ TL gemahlener Kreuzkümmel | 2 TL Chaat Masala | Salz | 2 EL gehackte Minze

Für 4 Personen
◷ 20 Min. Zubereitung | 25 Min. Garen
Pro Portion ca. 300 kcal, 6 g EW, 14 g F, 38 g KH

1 Kartoffeln waschen und in kochendem Wasser in 20–25 Min. nicht zu weich garen. Abgießen, abkühlen lassen, schälen und in Würfel schneiden.

2 Kichererbsen kalt abbrausen, abtropfen lassen. Granatapfel aufbrechen, die roten Samen herausbrechen. Zwiebel schälen, in Ringe schneiden. Zitronensaft, Öl, Gewürze, Salz und Minze verrühren und mit den anderen Zutaten mischen. Möglichst 1 Std. durchziehen lassen und kühl servieren.

kühlend | fein zu Gegrilltem

Gurken-Tomaten-Raita

1 reife, feste Tomate | 200 g Salatgurke | 250 g Joghurt | 1 TL gemahlener Kreuzkümmel | Salz | Pfeffer | 1 EL Öl | ½ TL braune Senfkörner | 1 EL gehacktes Koriandergrün oder Minze

Für 4 Personen
20 Min. Zubereitung | 25 Min. Garen
Pro Portion ca. 80 kcal, 3 g EW, 6 g F, 5 g KH

1 Tomate waschen, ohne Stielansatz klein würfeln. Gurke schälen, ebenfalls fein würfeln. Beides mit Joghurt, Kreuzkümmel, Salz und Pfeffer verrühren.

2 Das Öl in einem Pfännchen erhitzen, darin die Senfkörner braten, bis sie beginnen zu springen. Zu der Raita geben und untermischen. Nach Belieben Koriandergrün oder Minze unterrühren. Möglichst noch 1 Std. im Kühlschrank durchziehen lassen.

VARIANTE – SPINAT-RAITA

Statt Gurke und Tomate 150 g gedünsteten, abgekühlten und klein geschnittenen Blattspinat verwenden. Wer will, gibt noch 2 EL Rosinen dazu.

fruchtig-frisch | Raita auf Südindisch

Ananas-Möhren-Pachadi

1 Stück frische Ananas (geputzt 150 g) | 1 grüne Chilischote | 1 Möhre | 250 g Joghurt | 2 EL Öl | ½ TL braune Senfkörner | 1 getrocknete Chilischote | 4 Curryblätter | 30 g Kokosraspel | Salz

Für 4 Personen | 20 Min. Zubereitung
Pro Portion ca. 170 kcal, 3 g EW, 13 g F, 9 g KH

1 Die Ananas in kleine Stücke schneiden. Grüne Chilischote entkernen und fein hacken. Beides in 50 ml Wasser bei schwacher Hitze 5 Min. köcheln lassen, abgießen und abkühlen lassen.

2 Inzwischen die Möhre schälen, grob raspeln und mit dem Joghurt mischen.

3 Öl in einem Pfännchen erhitzen, darin die Senfkörner, getrocknete Chilischote und Curryblätter unter Rühren 1 Min. braten. Kokosraspel zugeben und 1–2 Min. mitrösten. Mit der Ananas unter den Joghurt rühren, salzen und möglichst noch 1 Std. im Kühlschrank durchziehen lassen.

säuerlich-süß

Tamarinden-Dattel-Chutney

100 g Tamarindenmark (im Block gepresst)
5 getrocknete Datteln
¼ TL gemahlener Kreuzkümmel
½ TL Chilipulver
Salz
brauner Zucker

Für 1 Glas (ca. 350 ml) | 30 Min. Zubereitung
Pro Glas ca. 445 kcal, 4 g EW, 1 g F, 108 g KH

1 Das Tamarindenmark in Stücke schneiden, mit 400 ml Wasser in einen Topf geben und offen bei mittlerer Hitze ca. 15 Min. kochen lassen. Inzwischen die Datteln in schmale Streifen schneiden, dabei die Kerne entfernen.

2 Tamarindenmasse abkühlen lassen und durch eine feinmaschiges Sieb pressen (Schalen und Kerne sollen im Sieb bleiben). Das Mus mit den Datteln und den Gewürzen mischen und mit dem Pürierstab oder im Mixer pürieren. Nochmals in einen Topf geben und offen bei schwacher Hitze 5–10 Min. kochen lassen. Nach Wunsch mit 1–2 EL Zucker abschmecken und abkühlen lassen.

TIPP

Je nach Süße der Datteln brauchen Sie mehr oder weniger Zucker. Ideal sind die süßen, weichen Medjooldatteln. Je nach Gusto können Sie das Chutney flüssiger oder fester einkochen lassen (bzw. etwas mehr Wasser zugeben). Eher dünnflüssig gekocht wird es in Indien gerne mit Minzchutney (siehe Seite 11) auf Joghurt geträufelt: Als Dip zu Linsenplätzchen, Samosas oder Brot-Pakoras – einfach lecker!

süßlich-fruchtig | aus Bengalen

Tomaten-Rosinen-Chutney

2 EL Rosinen
400 g Tomaten (aus der Dose)
1 Stück frischer Ingwer (ca. 3 cm)
1 Knoblauchzehe
2 EL Öl
⅛ TL Panch Phoran
6 EL Weißweinessig
½ TL Chilipulver
Salz | brauner Zucker

Für 1 Glas (ca. 350 ml) | Min. Zubereitung
Pro Glas ca. 440 kcal, 7 g EW, 25 g F, 51 g KH

1 Die Rosinen mit heißem Wasser überbrühen und ca. 15 Min. quellen lassen.

2 Inzwischen die Tomaten mit einem Messer grob zerteilen. Den Ingwer schälen und hacken. Knoblauch schälen und durchpressen. Das Öl in einem Topf erhitzen, darin Panch Phoran ca. 1 Min. rösten. Mit Essig ablöschen, 30 Sek. kochen lassen. Tomaten, Knoblauch und Ingwer zugeben, mit Chilipulver und Salz würzen.

3 Alles offen bei mittlerer Hitze ca. 20 Min. köcheln lassen, dabei gelegentlich umrühren. Rosinen zugeben und weitere 10 Min. köcheln lassen. Mit Zucker abschmecken, abkühlen lassen.

TIPP – IMMER PASSEND

Das Chutney wird normalerweise mit Reis oder Brot zu anderen Gerichten gereicht oder am Ende eines bengalischen Menüs mit Pappadumfladen gegessen. Es schmeckt auch hervorragend zu kurz gebratenem oder gegrilltem Fleisch, z. B. Rindersteak oder Lammkoteletts.

oben: Tomaten-Rosinen-Chutney | unten: Tamarinden-Dattel-Chutney

Naan | Klassiker

Hefe-Fladenbrot

Dieses als Naan bekannte Brot darf in Indien bei keiner Mahlzeit fehlen und dient gleichzeitig als Beilage und Essbesteck.

150 ml Milch | ⅓ Würfel Hefe (ca. 15 g) | ½ TL Zucker | 150 g Joghurt | 1 Ei | 2 EL Öl oder flüssiges Ghee | 500 g Weizenmehl (Type 405) | 1 TL Salz | 1 TL Backpulver | Mehl zum Arbeiten | Fett für das Blech

Für 10 Stück | 35 Min. Zubereitung
4–6 Std. Ruhen | 30 Min. Backen
Pro Stück ca. 220 kcal, 7 g EW, 5 g F, 37 g KH

1 Ca. 50 ml Milch lauwarm erwärmen, Hefe hineinbröckeln, mit Zucker bestreuen und 10 Min. stehen lassen.

2 Inzwischen Joghurt, Ei und übrige Milch mit Öl oder Ghee verquirlen.

3 Das Mehl mit Salz und Backpulver in einer Schüssel mischen. Joghurt- und Hefemischung dazugeben, verrühren und mit den Händen oder den Knethaken des Mixers gut durchkneten. Den Teig zugedeckt an einen kühlen Ort stellen (er soll langsam gehen und sich am Ende verdoppelt haben).

4 Den Backofen auf 225° vorheizen. Den Teig durchkneten und in 10 Portionen teilen. Auf bemehlter Arbeitsfläche zu tropfenförmigen Fladen von ca. 1 cm Dicke ausrollen.

5 Ein Backblech dünn mit Fett bestreichen und 3–4 Fladen darauf legen. Im heißen Ofen (oben, Umluft nicht empfehlenswert) in ca. 6 Min. braun backen, wenden und weitere 3–4 Min. backen. Fertige Brote locker in ein sauberes Geschirrtuch schlagen und warm halten. Naan wird traditionell zu Gerichten mit sämigen Saucen gegessen, vor allem zu Fleisch.

Paratha | blätterteig-knusprig

Butter-Fladenbrot

Salz | 4 EL Ghee | 300 g Chapatimehl (Atta, ersatzweise Mehl Type 1050) | Mehl zum Arbeiten

Für 4 Personen
25 Min. Zubereitung | 15 Min. Ruhen
Pro Portion ca. 340 kcal, 9 g EW, 11 g F, 50 g KH

1 Ca. 1 TL Salz mit 2 EL flüssigem Ghee und 225 ml Wasser verrühren und mit Mehl mischen. Ca. 5 Min. zu einem elastischen, festen Teig kneten. Abgedeckt 15 Min. ruhen lassen.

2 Teig zu 12 Kugeln formen, diese auf bemehlter Arbeitsfläche zu dünnen Fladen ausrollen, mit etwas Ghee bepinseln, zum Halbkreis klappen, wieder mit Ghee bestreichen. Zum Viertelkreis klappen, diesen zu einem Dreieck von ca. 15 cm Seitenlänge ausrollen. Eine Gusseisen-Pfanne mit Ghee ausstreichen, je 1 Fladen einlegen (Mehl vorher abklopfen), ca. 1 Min. braten, mit Ghee bestreichen, wenden und 15–30 Sek. braten. Mehrmals wenden, bis die Fladen braune Flecken bekommen.

fast schon ein Hauptgericht

Gefüllte Fladenbrote

1 Portion Fladenbrotteig (links) | 350 g Pellkartoffeln (vom Vortag) | 1 Zwiebel | 1 EL Ghee | ½ TL Ajowan | ½ TL Kurkumapulver | ¼ TL Chilipulver | Salz | 2 EL gehacktes Koriandergrün

Für 4 Personen
25 Min. Zubereitung | 15 Min. Ruhen
Pro Portion ca. 150 kcal, 4 g EW, 4 g F, 24 g KH

1 Fladenbrotteig zubereiten. Kartoffeln pellen und fein zerdrücken. Zwiebel schälen und fein hacken. Ghee erhitzen, darin Zwiebeln braten. Kartoffeln, zerstoßene Ajowankörner, Kurkuma-, Chilipulver, Salz und Koriandergrün zugeben und vermengen.

2 Teig zu 8 Fladen ausrollen. Kartoffelmasse in 8 Portionen teilen. Je 1 Portion auf einer Hälfte eines Fladens zerbröckeln, zum Halbkreis zuklappen und festdrücken. Mit Ghee bestreichen, zum Viertelkreis klappen und vorsichtig ausrollen. Fladenbrote (Parathas) wie links beschrieben in einer Pfanne mit Ghee ausbraten.

Gemüse & Vegetarisches

Indien ist ein Paradies für Vegetarier: Ein großer Teil der Bevölkerung ernährt sich fleischlos und ist äußerst einfallsreich, was kreative Gemüseküche angeht. Für das notwendige Eiweiß sorgen in erster Linie Hülsenfrüchte, bekannt unter der Sammelbezeichnung Dal. Ganz besonders und ausbalanciert in seiner Würze ist mein Lieblingsdal aus Gujarat, das Sie hier gleich nachkochen können.

Süßsaures Dal

150 g rote Linsen (Masoor Dal)
1 grüne Chilischote
3 reife Tomaten
½ TL Kurkumapulver
Salz
1 EL brauner Zucker
2 EL Ghee
1 TL braune Senfkörner
8 Curryblätter
1 Prise Asafoetida
Saft von 1 Limette

Für 4 Personen | 35 Min. Zubereitung
Pro Portion ca. 190 kcal, 9 g EW, 6 g F, 24 g KH

1 Die Linsen verlesen, in einem Sieb kalt abbrausen. Mit knapp ½ l Wasser in einem Topf aufkochen lassen.

2 Inzwischen die Chilischote hacken, die Tomaten waschen und fein würfeln, dabei den Stielansatz entfernen. Beides mit Kurkumapulver zu den Linsen geben. Einmal aufkochen, dann bei schwacher Hitze ca. 20 Min. köcheln lassen, bis die Linsen weich sind.

3 Linsen mit Salz und Zucker würzen. Ghee in einem Pfännchen erhitzen, darin Senfkörner und Curryblätter unter Rühren anbraten, bis die Körner knistern. Asafoetida zugeben, kurz durchrühren und unter die Linsen mischen. Linsen offen weitere 10 Min. kochen lassen, bis sie sich mit einem Kochlöffel leicht zerdrücken lassen. Mit Salz und evtl. Zucker nachwürzen, Limettensaft einrühren, 1 Min. erhitzen, dann servieren.

süßlich-mild | einfach

Joghurtcurry

3 EL Kichererbsenmehl
500 g Joghurt
2 Msp. Kurkumapulver
Salz
2–3 EL brauner Zucker
2 EL Ghee
2 getrocknete Chilischoten
1 TL braune Senfkörner
¾ TL Bockshornkleesamen
10 Curryblätter
1 Prise Asafoetida

Für 4 Personen | 25 Min. Zubereitung
Pro Portion ca. 190 kcal, 7 g EW, 10 g F, 18 g KH

1 Das Kichererbsenmehl in einer Pfanne ohne Fett anrösten, bis es duftet, abkühlen lassen. Mit Joghurt und 400 ml Wasser in einen Topf geben, mit dem Schneebesen schaumig rühren. Kurkumapulver, Salz und Zucker dazugeben.

2 Den Topfinhalt zum Kochen bringen und bei mittlerer Hitze unter Rühren 2–3 Min. kochen lassen.

3 Das Ghee in einem Pfännchen erhitzen, die übrigen Gewürze zugeben, 30 Sek. unter Rühren rösten. Mit 3 EL Wasser ablöschen, 30 Sek. köcheln lassen, dann unter den Joghurt rühren. Alles offen bei schwacher Hitze ca. 10 Min. köcheln lassen, dabei gelegentlich umrühren. Mit Reis servieren.

TAUSCHTIPP

Sollten Sie frische, grüne Chilis im Haus haben: Statt getrockneter Chilischoten 1–2 davon in Ringe schneiden, mit Kurkumapulver, Salz, Zucker ins Joghurt geben.

mild | aus Maharashtra

Eier-Kartoffel-Curry

4 Eier | 2 große Kartoffeln
2 kleine Zwiebeln
1 Stück frischer Ingwer (ca. 3 cm)
2 Knoblauchzehen | 2 EL Öl
1 TL gemahlener Koriander
½ TL Chilipulver
¾ TL Kurkumapulver
1 EL Garam Masala | Salz
¼ l Kokosmilch (aus der Dose)
1–2 EL Limettensaft, frisch gepresst
2 EL gehacktes Koriandergrün (nach Belieben)

Für 4 Personen | 25 Min. Zubereitung
Pro Portion ca. 290 kcal, 10 g EW, 22 g F, 13 g KH

1 Die Eier in 10–12 Min. hart kochen, mit kaltem Wasser abschrecken. Abkühlen lassen und pellen.

2 Inzwischen die Kartoffeln schälen und 3 cm groß würfeln. Zwiebeln, Ingwer und Knoblauch schälen und fein hacken. Das Öl in einem Topf erhitzen, darin Zwiebeln andünsten, Knoblauch und Ingwer zugeben und hellbraun braten. Gewürze darüber stäuben, 30 Sek. braten. 4–5 EL Wasser zugeben und unter Rühren kochen lassen, bis es verdunstet ist. 100 ml Wasser zugeben, wieder rühren, bis es eingekocht ist. Kartoffeln und 400 ml Wasser zugeben, salzen. Die Kartoffeln zugedeckt bei mittlerer Hitze in ca. 15 Min. garen.

3 Die Sauce offen bei starker Hitze kochen lassen, bis sie fast eingekocht ist. Kokosmilch zugießen und 3–5 Min. weiterrühren, bis die Sauce sämig eingekocht ist. Mit Limettensaft würzen, nach Belieben mit Koriandergrün bestreuen. Eier halbieren, in der Sauce heiß werden lassen und sofort servieren.

oben: Joghurtcurry | unten: Eier-Kartoffel-Curry

vegetarischer Klassiker

Frischkäse in Spinatsauce

»Paneer«-Frischkäse ist Grundlage vieler vegetarischer Gerichte. Leider kann man ihn nicht fertig kaufen. Wir zeigen Ihnen, wie Sie ihn selber machen können – es lohnt sich!

Für den Frischkäse (ca. 250 g)
2 l Vollmilch
8 EL Branntweinessig oder frisch gepresster Zitronensaft
Für die Spinatsauce
800 g frischer Spinat (ersatzweise 600 g TK-Spinat)
3 Zwiebeln
1 Knoblauchzehe
1 Stück frischer Ingwer (ca. 4 cm)
3 EL Ghee
1 braune Kardamomkapsel
1 EL getrocknete Bockshornkleeblätter
3 EL Joghurt
1½ TL Garam Masala
½ TL Chilipulver
Salz | Pfeffer
100 ml Gemüsebrühe

Für 4 Personen
50 Min. Zubereitung | 8 Std. Ruhen
Pro Portion ca. 185 kcal, 12 g EW, 12 g F, 7 g KH

1 Für den Frischkäse die Milch in einem großen Topf unter Rühren aufkochen lassen. Essig oder Zitronensaft einrühren, kurz weiterrühren, den Topf vom Herd nehmen.

2 Die Milch teilt sich in eine flockig, weiße Masse (chenna) und gelblich flüssige Molke (Bild 1). Sollte dies nicht der Fall sein, nochmals erhitzen oder etwas mehr Essig oder Zitronensaft zugeben.

3 Den Topfinhalt in ein kleines Sieb gießen und ca. 30 Sek. mit kaltem Wasser überbrausen, abtropfen lassen. Eine Schüssel mit einem Tuch ausschlagen und den Frischkäse hineingeben. Das Tuch fest zu einem Beutel zusammendrehen und so viel Flüssigkeit wie möglich herauspressen (Bild 2). Das Tuch mit dem Käse in eine saubere Schale legen, auf ca. 3 cm flach drücken, mit einem Küchenbrett und Konservendosen beschweren. So über Nacht (mind. 6–8 Std.) im Kühlschrank stehen lassen, bis ein fester Käseblock entstanden ist.

4 Den Spinat gründlich waschen und putzen, TK-Spinat auftauen lassen. Zwiebeln schälen und würfeln. Knoblauch und 1 Stück Ingwer (ca. 2 cm) schälen und hacken.

5 Das Ghee in einem Topf erhitzen, darin Zwiebeln braun anbraten. Ingwer, Knoblauch und die Kardamomkapsel dazugeben, 1 Min. mitbraten. Bockshornklee zerreiben und dazugeben, 30 Sek. braten.

6 Den Joghurt einrühren und 1 Min. unter Rühren mitbraten. Den Spinat dazugeben und alles mischen. Mit Garam Masala, Chilipulver, Salz und Pfeffer würzen. Offen 10–15 Min. garen, evtl. etwas Brühe angießen.

7 Die Brühe dazugießen und den Spinat zu einer sämigen Sauce pürieren. Den Frischkäse in Würfel schneiden, in die Spinatsauce geben und heiß werden lassen. Den übrigen Ingwer schälen, in feine Streifen schneiden und darüber streuen.

1

2

3

mild-säuerlich | aus dem Punjab

Kichererbsengemüse

400 g Kichererbsen (aus der Dose)
2 Zwiebeln
2 Knoblauchzehen
1 Stück frischer Ingwer (ca. 2 cm)
4 EL Öl
½ TL Kreuzkümmelsamen
½ TL Kurkumapulver
¼ TL Garam Masala
½ TL gemahlener Koriander
½ TL Amchoor (getrocknetes Mangopulver)
200 g stückige Tomaten (aus der Dose)
Salz | Pfeffer
½ TL brauner Zucker

Für 4 Personen | 25 Min. Zubereitung
Pro Portion ca. 260 kcal, 6 g EW, 14 g F, 28 g KH

1 Die Kichererbsen in ein Sieb gießen, abtropfen lassen. Zwiebeln klein würfeln. Knoblauch und Ingwer schälen, beides fein hacken.

2 Das Öl in einem Topf erhitzen, darin die Zwiebeln unter Rühren braten, bis sie braun sind. Knoblauch, Ingwer und Kreuzkümmelsamen dazugeben und 1 Min. mitbraten.

3 Die gemahlenen Gewürze dazugeben und 30 Sek. mitrösten. Tomaten dazugeben, salzen und pfeffern und unter Rühren bei starker Hitze ca. 10 Min. braten, bis das Öl anfängt sich abzusetzen. Zucker und Kichererbsen unterrühren, 5 Min. bei schwacher Hitze ziehen lassen. Mit Naan oder Reis servieren, evtl. nach Belieben mit gehacktem Koriandergrün bestreuen.

Klassiker | aus Nordindien

Tarka-Dal

200 g halbierte, geschälte Munglinsen (Moong-Dal)
½ TL Kurkumapulver
Salz
1 Knoblauchzehe
3 EL Ghee
¾ TL Kreuzkümmelsamen
1–2 getrocknete Chilischoten
1 EL Garam Masala
2 EL gehacktes Koriandergrün

Für 4 Personen
10 Min. Zubereitung | 70 Min. Garen
Pro Portion ca. 240 kcal, 13 g EW, 9 g F, 29 g KH

1 Linsen verlesen und 2–3-mal kurz in kaltem Wasser einweichen, Wasser abgießen und den Vorgang wiederholen. Mit 1 l Wasser und Kurkumapulver in einen Topf geben, aufkochen lassen und bei schwacher Hitze ca. 1 Std. kochen lassen, bis die Linsen weich sind, dann salzen.

2 Knoblauch schälen und grob würfeln. Ghee in einem Pfännchen erhitzen, darin Kreuzkümmelsamen und Chilischoten 1 Min. rösten. Knoblauch zugeben und braten, bis er leicht bräunt, dann alles sofort unter die Linsen mischen. Garam Masala einrühren und die Linsen weitere 5–10 Min. köcheln lassen. Evtl. mit Salz abschmecken, Koriandergrün unterrühren und servieren.

TIPP – FÜR VIEL AROMA

Die in Ghee gerösteten Gewürze geben den Linsen ihr besonderes Aroma. Wer will, kann zusätzlich auch einmal ein Lorbeerblatt oder 1 Stange Zimt mitrösten.

oben: Kichererbsengemüse | unten: Tarka-Dal

Snack | aus Tamil Nadu

Knusprige Linsenplätzchen

Die kleinen, krachig-knusprig frittierten Linsenplätzchen gehören zu meinen Lieblingssnacks. Ideal dazu im cremigen Kontrast: leicht gesalzener Joghurt.

100 g halbierte Kichererbsen (Chana-Dal)
100 g halbierte schwarze Linsen (Urad Dal)
1 große Zwiebel
2 grüne Chilischoten
12 Curryblätter
1 Stück frischer Ingwer (ca. 3 cm)
3/4 TL Fenchelsamen
1/4 Bund Koriandergrün
3 EL Kokosraspel
1/4 TL Backpulver
3 EL Kichererbsenmehl
Salz | Öl zum Braten und Frittieren

Für 4 Personen
40 Min. Zubereitung | 5 Std. Einweichen
Pro Portion ca. 350 kcal, 14 g EW, 19 g F, 29 g KH

1 Die Linsen getrennt 5 Std. in kaltem Wasser einweichen.

2 Die Zwiebel schälen und fein würfeln. Die Chilischoten entkernen und hacken. Die Curryblätter waschen und zerschneiden.

3 Ca. 1 EL Öl in einem Pfännchen erhitzen, darin die Zwiebel hellbraun braten. Chilis und Curryblätter zugeben und 1 Min. mitbraten, vom Herd nehmen und abkühlen lassen.

4 Ingwer schälen und fein hacken. Den Fenchelsamen mit einem Messer oder im Mörser grob zerstoßen. Koriandergrün waschen und trockenschütteln, die Blättchen fein hacken.

5 Die Linsen getrennt in ein Sieb abgießen und abtropfen lassen, von jeder Sorte 2–3 EL beiseite legen. Die übrigen Linsen zusammen in der Küchenmaschine nicht zu fein pürieren, dabei 2–3 EL heißes Wasser zugeben. Ganze Linsen und alle übrigen Zutaten (auch die gebratene Zwiebel) zugeben. Kräftig salzen und gut vermengen. Die Masse sollte formbar sein, und alles sollte gut zusammenhaften; je nachdem noch etwas Wasser oder Kichererbsenmehl zugeben.

6 Aus der Linsenmasse 16 Bällchen formen, leicht platt drücken und auf einem Küchenbrett bereitstellen. Öl ca. 4 cm hoch in einen großen Topf geben und erhitzen. (Ob es heiß genug ist erkennen Sie daran, dass bei einem Holzlöffelstiel, den Sie ins Fett halten, kleine Bläschen aufsteigen).

7 Die Linsenplätzchen portionsweise auf einer Siebkelle ins Fett geben und in 5–7 Min. knusprig und goldgelb frittieren, dabei 1–2-mal wenden. Herausnehmen und auf Küchenpapier abtropfen lassen. So alle Plätzchen frittieren, fertige ggf. bei 60° im Ofen warm halten. Die Plätzchen lauwarm oder heiß servieren.

UND DAZU?

Joghurt mit etwas Minzchutney (siehe Seite 11) verrührt. Oder: Reichlich Joghurt mit so viel Wasser glatt rühren, dass er flüssig ist. Über die Plätzchen geben, so dass sie bedeckt sind. Mit Chaat Masala und Koriandergrün bestreuen.

mild | gelingt leicht

Kaschmir-Kohlrabi

3 Kohlrabi | 1 Stück frischer Ingwer (ca. 1 cm) | 6 EL Öl | 3 Nelken | 2 braune Kardamomkapseln | 3 grüne Kardamomkapseln | 1 Msp. Asafoetida | ¾ TL Kurkumapulver | 1½ TL gemahlener Fenchel | ½ TL Garam Masala | Salz | 4 EL Joghurt

Für 4 Personen | 30 Min. Zubereitung
Pro Portion ca. 200 kcal, 3 g EW, 19 g F, 6 g KH

1 Kohlrabi schälen und in 1½ cm große Würfel schneiden. Zarte Kohlrabiblättchen waschen und hacken. Ingwer schälen und hacken. Das Öl in einem Topf erhitzen, darin Nelken, Kardamomkapseln und Asafoetida anrösten. Kohlrabi, Kurkuma und Ingwer zugeben, 1 Min. mitbraten. 150 ml Wasser, Fenchel und Garam Masala zugeben und salzen. Zugedeckt bei schwacher Hitze 15 Min. garen.

2 Den Joghurt unterrühren und 2–3 Min. weitergaren. Nach Belieben mit Kohlrabiblättchen bestreuen und sofort zu Reis, evtl. mit einem weiteren Gemüse ohne Sauce servieren.

einfach | aus dem Punjab

Gebratener Weißkohl

600 g Weißkohl | 1 Zwiebel | 1 Knoblauchzehe | 1 Stück frischer Ingwer (ca. 2 cm) | 1–2 grüne Chilischoten | 3 EL Ghee | 1 TL Kreuzkümmelsamen | ½ TL Kurkumapulver | Salz | Pfeffer | 1½ TL gemahlener Kreuzkümmel | 1 TL gemahlener Koriander

Für 4 Personen | 25 Min. Zubereitung
Pro Portion ca. 110 kcal, 2 g EW, 8 g F, 7 g KH

1 Kohl vierteln, vom Strunk befreien, in feine Streifen schneiden, waschen, abtropfen lassen. Zwiebel, Knoblauch, Ingwer schälen. Mit Chilis fein hacken.

2 Das Ghee in einer Pfanne oder im Wok erhitzen, darin Zwiebel, Knoblauch, Ingwer, Chilis hellbraun anbraten. Kreuzkümmelsamen zugeben, 1 Min. mitrösten. Kurkuma und Kohl zugeben, unter Rühren 3 Min. braten. Übrige Gewürze dazugeben. Zugedeckt bei schwacher Hitze in ca. 10–12 Min. garen, dabei ab und zu umrühren. Evtl. ab und zu 1–3 EL Wasser zugeben, damit der Kohl nicht anbrennt.

Bhindi Masala | mild-würzig

Okra-Tomaten-Gemüse

450 g Okraschoten | 1 Zwiebel | 2 Knoblauchzehen | 1–2 grüne Chilischoten | 2 EL Öl | 1 TL braune Senfkörner | je 1 TL gemahlener Kreuzkümmel, Koriander- und Kurkumapulver | 2 TL Garam Masala | 250 g stückige Tomaten (aus der Dose) | Salz | ½ TL Zucker

Für 4 Personen | 30 Min. Zubereitung
Pro Portion ca. 130 kcal, 4 g EW, 7 g F, 13 g KH

1 Okras waschen, putzen und quer halbieren. Zwiebel und Knoblauch schälen, mit den Chilischoten fein hacken.

2 Öl in einem Wok oder einer Pfanne erhitzen, darin die Senfkörner 1 Min. rösten. Zwiebel, Knoblauch und Chili dazugeben und hellbraun braten. Okra und gemahlene Gewürze zugeben und 2 Min. rührbraten. Tomaten zugeben, 2 Min. weiterrühren. Mit Salz und Zucker würzen, zugedeckt bei mittlerer Hitze in ca.15 Min. garen, dabei öfter umrühren und evtl. etwas Wasser zugeben.

Aloo Gobi | Klassiker

Blumenkohl-Curry

500 g Blumenkohl | 2 Kartoffeln | 1 Zwiebel | 1 Stück frischer Ingwer (ca. 2 cm) | 2 Tomaten | 1 Lorbeerblatt | 3 EL Ghee | 1 TL Kurkumapulver | 1 TL Chilipulver | 1 TL gemahlener Kreuzkümmel | 150 g TK-Erbsen | 3 EL Joghurt | Salz | 1 TL Garam Masala

Für 4 Personen | 40 Min. Zubereitung
Pro Portion ca. 170 kcal, 6 g EW, 9 g F, 17 g KH

1 Blumenkohl waschen, putzen und in Röschen brechen. Kartoffeln schälen, waschen und würfeln. Zwiebel und Ingwer schälen, beides hacken. Tomaten waschen und ohne den Stielansatz würfeln.

2 Lorbeerblatt 1 Min. im heißen Ghee rösten, Zwiebel und Ingwer zugeben, hellbraun anbraten. Blumenkohl, Kartoffeln, Kurkuma-, Chilipulver und gemahlenen Kreuzkümmel zugeben, unter Rühren 2 Min. braten. Tomaten, Erbsen, Joghurt und ¼ l Wasser zugeben, salzen, zugedeckt in 20–25 Min. garen. Garam Masala unterrühren und servieren.

aus Uttar Pradesh

Erbsen-Möhren-Gemüse

4 große Möhren
1 Zwiebel
1 Knoblauchzehe
1 Stück frischer Ingwer (ca. 2 cm)
3 EL Öl
1 TL Kreuzkümmelsamen
¾ TL Kurkumapulver
1 TL gemahlener Koriander
250 g TK-Erbsen
½ TL brauner Zucker
2 Msp. Chilipulver | Salz
1 EL Limettensaft, frisch gepresst
¼ TL Garam Masala

Für 4 Personen | 30 Min. Zubereitung
Pro Portion ca. 180 kcal, 5 g EW, 10 g F, 18 g KH

1 Die Möhren schälen und 1 cm groß würfeln. Zwiebel, Knoblauch und Ingwer schälen, grob zerschneiden und mit 2 EL Wasser mit der Küchenmaschine oder im Mixer pürieren.

2 Das Öl in einer Pfanne oder im Wok erhitzen, darin die Zwiebelpaste unter Rühren 3–4 Min. braten. Kreuzkümmelsamen zugeben und braten, bis sie knistern. Kurkumapulver und Möhren unterrühren, 2 Min. weiterrührbraten. Gemahlenen Koriander dazugeben und weitere 2 Min. braten.

3 Gefrorene Erbsen mit 6–8 EL Wasser unterrühren und mit Zucker, Chilipulver und Salz würzen. Zugedeckt bei schwacher Hitze ca. 12 Min. köcheln lassen, ab und zu umrühren.

4 Limettensaft unterrühren, weitere 5 Min. garen. Garam Masala untermischen.

mild-würzig | aus Tamil Nadu

Auberginen-Curry

3 EL Kokosraspel
1 große Aubergine
3 Kartoffeln
2 Zwiebeln
1 Knoblauchzehe
1 große Tomate
3 EL Öl | 1 Stange Zimt
1 TL Fenchelsamen
10 Curryblätter
2 TL gemahlener Koriander
½ TL Chilipulver | Salz

Für 4 Personen | 50 Min. Zubereitung
Pro Portion ca. 210 kcal, 4 g EW, 14 g F, 15 g KH

1 Kokosraspel in 8 EL Wasser einweichen. Aubergine waschen, putzen und ca. 3 cm groß würfeln. Kartoffeln schälen, waschen und 1 cm groß würfeln. Zwiebeln und Knoblauch schälen, hacken. Tomate waschen und ohne den Stielansatz klein würfeln.

2 Das Öl in einem Topf oder Wok erhitzen, darin die Zwiebeln und Knoblauch glasig dünsten. Zimt, Fenchelsamen und Curryblätter zugeben und unter Rühren braten, bis die Zwiebeln hell gebräunt sind. Gemahlenen Koriander und Chilipulver mit 2 EL Wasser unterrühren, 2 Min. weiterbraten. Auberginen und Kartoffeln zugeben und bei mittlerer Hitze unter Rühren 5 Min. braten.

3 Kokosraspel mit Einweichwasser, Tomate und ¼ l Wasser zugeben und salzen. Zugedeckt bei schwacher Hitze 25–30 Min. köcheln lassen, bis die Kartoffeln weich sind, dabei die letzten 5 Min. offen köcheln lassen, damit die Sauce eindickt.

oben: Auberginen-Curry | unten: Erbsen-Möhren-Gemüse

erfrischend | für Gäste

Zitronenreis

Reis gehört zu fast jeder indischen Mahlzeit. Die Grundzubereitung ist einfach, die Variationsbreite unendlich!

Grundrezept Reis: 250 g Basmatireis | Salz
Zutaten für Zitronenreis: 2 EL Ghee | 2 EL ungeröstete, ungesalzene Erdnüsse | ½ TL braune Senfkörner | 10 Curryblätter | 2 getrocknete Chilischoten | 1 Prise Asafoetida | 2 EL Kokosraspel | Saft von 2 Zitronen | ½ TL Kurkumapulver

Für 4 Personen
30 Min. Zubereitung | 30 Min. Einweichen
Pro Portion ca. 335 kcal, 6 g EW, 11 g F, 52 g KH

1 Reis 30 Min. in Wasser einweichen. In ein Sieb abgießen, kalt abbrausen und abtropfen lassen.

2 Knapp ½ l Wasser zum Kochen bringen, leicht salzen, Reis zugeben, aufkochen lassen und geschlossen bei schwacher Hitze in 15–20 Min. garen. Herd ausschalten, den Reis weitere 5 Min. ziehen lassen, mit einer Gabel auflockern.

3 Für den Zitronenreis das Ghee in einem Pfännchen erhitzen, darin die Erdnüsse goldgelb rösten und herausnehmen.

4 Senfkörner, Curryblätter und Chilischoten ins heiße Fett im Pfännchen geben und braten, bis sie knistern. Asafoetida einrühren. Kokosraspel zugeben und hellbraun rösten.

5 Alles mit dem Zitronensaft und Kurkumapulver unter den heißen Reis mischen. Passt hervorragend zu Fischgerichten.

TIPP – PASST IMMER

Basmatireis, wie im Grundrezept gekocht, kann als Beilage zu fast allen Gerichten in diesem Buch gereicht werden. Grundsätzlich braucht man den Reis nicht einzuweichen, das Einweichen lässt die Körner aber bereits aufquellen und man braucht weniger Reis.

einfach

Gewürzreis mit Erbsen

400 g Basmatireis | 3 EL Öl oder Ghee | 4 grüne Kardamomkapseln | 1 braune Kardamomkapsel | 5 Nelken | 1 Stange Zimt | 1 Lorbeerblatt | 100 g TK-Erbsen | Salz | 1 große Zwiebel

Für 4–6 Personen
30 Min. Zubereitung | 30 Min. Einweichen
Bei 4 pro Port. 450 kcal, 8 g EW, 10 g F, 82 g KH

1 Reis 30 Min. in Wasser einweichen. In ein Sieb abgießen, kalt abbrausen und abtropfen lassen.

2 Die Hälfte Öl oder Ghee in einem Topf erhitzen, darin die Gewürze unter Rühren 1–2 Min. anrösten. Reis dazugeben und unter Rühren 3 Min. mitbraten. Erbsen und 800 ml Wasser zugeben, salzen. Zugedeckt bei schwacher Hitze in 20–25 Min. garen. Zwiebel schälen, halbieren und in Streifen schneiden. Im übrigen Öl oder Ghee braun braten, mit dem Reis mischen. Schmeckt mit einer Raita (siehe Seite 19) als Hauptgericht für 4 oder als Beilagenreis für 6.

Tamatar Pulao | aus dem Punjab

Tomatenreis

400 g Basmatireis | 1 Zwiebel | 1 Knoblauchzehe | 1 Stück frischer Ingwer (ca. 1cm) | 2 EL Ghee | 1 TL Kreuzkümmelsamen | 2 getrocknete Chilischoten | 2 Lorbeerblätter | 150 g stückige Tomaten (aus der Dose) | 1 TL Tomatenmark (nach Belieben) | Salz

Für 4 Personen
35 Min. Zubereitung | 30 Min. Einweichen
Pro Portion ca. 410 kcal, 8 g EW, 6 g F, 81 g KH

1 Reis 30 Min. in Wasser einweichen. In ein Sieb abgießen, kalt abbrausen und abtropfen lassen.

2 Zwiebel, Knoblauch und Ingwer schälen und fein hacken. Das Ghee in einem Topf erhitzen, darin die Gewürze 1 Min. anrösten. Zwiebel, Knoblauch und Ingwer zugeben und hellbraun anbraten. Den Reis, Tomaten und nach Belieben Tomatenmark dazugeben und unter Rühren 5 Min. braten. 3/4 l Wasser zugeben, salzen und zugedeckt bei schwacher Hitze in 25 Min. garen. Heiß servieren.

ideal für Vegetarier | aus Südindien

Gemüse-Linsen-Curry mit Kokos

Ein mildes Gemüsegericht mit feinem Kokosaroma, wie man es in unterschiedlichen Abwandlungen in ganz Südindien finden kann.

100 g gespaltene gelbe Erbsen (Toor-Dal)
3/4 TL Chilipulver
1 TL Kurkumapulver
Salz
50 g Kokosraspel (oder 100 g frisches Kokosnussfleisch)
1 kleiner weißer Rettich (ca. 300 g)
250 g Kürbis (geschält und geputzt)
200 g TK-Bohnen
2 EL Öl
1/2 TL Kreuzkümmelsamen
1/2 TL braune Senfkörner
1/2–1 TL Garam Masala
4 EL Joghurt

Für 4 Personen | 20 Min. Zubereitung
2 Std. Einweichen | 85 Min. Garen
Pro Portion ca. 260 kcal, 10 g EW, 15 g F, 20 g KH

1 Die Erbsen 1–2 Std. in kaltem Wasser einweichen. In einem Topf mit ca. 1/2 l Wasser, je 1/2 TL Chili- und Kurkumapulver ca. 1 Std. kochen lassen, bis sie weich, aber noch bissfest sind. Das Kochwasser gegen Garzeitende salzen.

2 Inzwischen die Kokosraspel mit ca. 120 ml heißem Wasser übergießen und ziehen lassen (frisches Kokosnussfleisch fein reiben). Rettich schälen und mit dem Kürbis 2 cm groß würfeln, TK-Bohnen antauen lassen.

3 Öl in einem Topf erhitzen, darin Kreuzkümmelsamen und Senfkörner braten, bis sie knistern. Das übrige Chili- und 1/2 TL Kurkumapulver unterrühren, das Gemüse zugeben und unter Rühren 3 Min. braten.

4 Linsen in ein Sieb abgießen und mit den eingeweichten Kokosraspeln (samt Einweichwasser) und zusätzlich 150 ml Wasser zum Gemüse geben. Garam Masala unterrühren, salzen und zugedeckt bei schwacher Hitze 20 Min. köcheln lassen.

5 Joghurt unterrühren und evtl. mit Salz und Gewürzen abschmecken. Heiß zu Reis servieren.

WÜRZVARIANTE

Wer will und welche bekommt, kann zusätzlich noch 6 Curryblätter mit dem Kreuzkümmel und Senfkörnern anbraten.

GUT ZU WISSEN

Linsen und andere Hülsenfrüchte können in ihren Garzeiten auch innerhalb ein und derselben Sorte stark variieren. So brauchen ältere Linsen generell länger als frische. Letztendlich hilft immer nur die Bissprobe. Damit die Hülsenfrüchte möglichst schnell gar werden, am besten vorher einweichen (bis auf rote Linsen/Masoor Dal). Das Kochwasser nicht salzen, das verzögert den Garprozess – immer erst gegen Kochzeitende salzen.

Fisch & Fleisch

Zum Inbegriff indischer Fleischgerichte wurden die cremigen Ragouts der Mogulküche, wie sie vor allem Indiens Norden kennt: lange geschmort und sehr gewürzintensiv. Mit die besten Fischgerichte stammen aus den Küstenregionen, wo viel frischer und leichter gekocht wird. Etwas Besonderes ist das folgende Gericht: Die Aprikosen verweisen auf den persischen Ursprung.

Lamm mit Aprikosen

750 g Lammfleisch (aus der Keule)
2 Zwiebeln | 2 Knoblauchzehen
1 Stück frischer Ingwer (ca. 3 cm)
150 g getrocknete Aprikosen
3 EL Ghee
2–3 getrocknete Chilischoten
½ TL Kurkumapulver
1½ TL gemahlener Kreuzkümmel
200 g stückige Tomaten (aus der Dose)
1½ EL Garam Masala | Salz

Für 4 Personen
20 Min. Zubereitung | 1 Std. 45 Min. Garen
Pro Portion ca. 630 kcal, 37 g EW, 42 g F, 23 g KH

1 Fleisch 4 cm groß würfeln. Zwiebeln schälen und grob hacken. Knoblauch und Ingwer schälen, beides fein hacken. Die Aprikosen in heißem Wasser einweichen.

2 Ghee in einem Topf erhitzen, darin die Zwiebeln goldbraun anbraten. Chilischoten, Knoblauch und Ingwer ca. 1 Min. mitbraten. Kurkumapulver, Kreuzkümmel und das Fleisch dazugeben, alles unter Rühren 3–5 Min. braten. Tomaten, 1 EL Garam Masala und ¼ l Wasser zugeben, salzen.

3 Zugedeckt bei schwacher Hitze ca. 1 Std. 30 Min. garen, gelegentlich umrühren, evtl. etwas Wasser zugeben. Ca. 15 Min. vor Garzeitende Aprikosen abgießen und zum Fleisch geben. Übriges Garam Masala darüber streuen oder unterrühren. Mit Reis oder Brot servieren.

TIPP – FÜR MEHR WÜRZE

Statt Garam Masala können Sie auch 1 Stange Zimt, 8 Nelken und 2 braune Kardamomkapseln mit den Chilischoten braten. Das gibt mehr Aroma.

feines Sommergericht | aus Kerala

Tomaten-Fisch-Curry

800 g Fischfilet (z. B. Rotbarsch oder Seelachs)
50 g Kokosraspel
3 kleine Zwiebeln
1 Knoblauchzehe
1 Stück frischer Ingwer (ca. 2 cm)
1 grüne Chilischote
4 EL Öl | 1 TL braune Senfkörner
½ TL Kurkumapulver
400 g stückige Tomaten (aus der Dose)
10 Curryblätter
½ TL brauner Zucker
Salz | Pfeffer

Für 4 Personen | 50 Min. Zubereitung
Pro Portion ca. 420 kcal, 38 g EW, 27 g F, 5 g KH

1 Fisch waschen, trockentupfen und in 4 cm breite Stücke schneiden. Kokosraspel in 100 ml Wasser einweichen. Zwiebeln, Knoblauch und Ingwer schälen, fein würfeln. Chilischote waschen, fein hacken.

2 Das Öl in einer Pfanne oder im Wok erhitzen, darin Zwiebeln hellbraun andünsten. Senfkörner dazugeben und braten, bis sie knistern. Chilischote, Knoblauch und Ingwer dazugeben und unter Rühren 2 Min. braten. Kurkumapulver unterrühren, die Tomaten zugeben und unter Rühren weiterbraten, bis die Flüssigkeit fast verdunstet ist.

3 Kokosraspel samt Einweichwasser, Curryblätter und Zucker zu den Tomaten geben, salzen, pfeffern und alles weitere 2 Min. köcheln lassen. Fischstücke hineinlegen, mit Sauce bedecken und zugedeckt bei schwacher Hitze in 15–20 Min. gar ziehen lassen. Mit Reis servieren.

mild | Klassiker aus Bengalen

Fisch in Joghurtsauce

800 g Fischkoteletts oder -filet (z. B. Karpfen, Zander oder auch Lachs)
2 EL Rosinen
5 Zwiebeln
1 Stück frischer Ingwer (ca. 3 cm)
2 Knoblauchzehen
je ½ TL Chili- und Kurkumapulver
2 TL Garam Masala
200 g Joghurt
2 EL Öl | 2 Lorbeerblätter
Salz | brauner Zucker

Für 4 Personen | 40 Min. Zubereitung
Pro Portion ca. 310 kcal, 41 g EW, 10 g F, 15 g KH

1 Fisch waschen und trockentupfen. Die Rosinen mit heißem Wasser überbrühen.

2 Zwiebeln schälen, 2 davon fein würfeln, Rest grob würfeln. Ingwer und Knoblauch schälen, beides grob hacken. Beides mit den 3 grob geschnittenen Zwiebeln, gemahlenen Gewürzen und 2–3 EL Joghurt pürieren, übrigen Joghurt untermischen.

3 Öl in einer Pfanne erhitzen, darin die Lorbeerblätter 30 Sek. rösten. Zwiebelwürfel zugeben und bei mittlerer Hitze unter Rühren goldbraun braten. Joghurtmischung dazugeben und bei starker Hitze unter Rühren 5–7 Min. kochen lassen, bis die Paste dunkler wird und die Flüssigkeit fast verdunstet ist. ¼ l Wasser und Rosinen zugeben und bei mittlerer Hitze in 3 Min. einköcheln lassen. Mit Salz und ½–1 TL Zucker würzen. Fisch salzen, in die Sauce legen, Sauce darüber löffeln, zugedeckt bei schwacher Hitze in 8–10 Min. garen. Mit Reis servieren.

oben: Tomaten-Fisch-Curry | unten: Fisch in Joghurtsauce

mild | aus Maharasthra

Fisch in Kokos-Koriander-Sauce

Hier sollten Sie sich einfach einmal eine frische Kokosnuss gönnen! Sie gibt dem Gericht das ganz besondere feine, frische Aroma.

1 kg Fischfilet (z. B. Seelachs oder Rotbarsch)
2 Knoblauchzehen
1 Stück frischer Ingwer (ca. 3 cm)
1 Kokosnuss
1 Bund Koriandergrün (ca. 100 g)
2–3 grüne Chilischoten
2 Zwiebeln
3 EL Öl
1 Stange Zimt
2 braune Kardamomsamen
½ TL Kreuzkümmelsamen
200 ml Kokosmilch (Dose)
Salz | Pfeffer
½ TL Garam Masala

Für 4 Personen | 50 Min. Zubereitung
Pro Portion ca. 530 kcal, 54 g EW, 29 g F, 18 g KH

1 Den Fisch waschen, trockentupfen und in 4 cm große Würfel schneiden. Knoblauch und Ingwer schälen, beides fein hacken. Knoblauch und die Hälfte Ingwer mit dem Fisch mischen. Zugedeckt 30 Min. kühl stellen.

2 Inzwischen die Kokosnuss öffnen (siehe Tipp auf dieser Seite), dabei das Kokoswasser auffangen. Ca. zwei Drittel von dem Kokosfleisch grob zerschneiden.

3 Das Koriandergrün waschen und trockenschütteln, mit den Stielen grob hacken. Etwas Koriander beiseite legen. Die Chilischoten grob zerschneiden. Mit Koriander und übrigem Ingwer, Kokosfleisch und etwas Kokoswasser in der Küchenmaschine fein pürieren.

4 Die Zwiebeln schälen und fein würfeln. Das Öl in einem Topf erhitzen, darin Zimt, Kardamom- und Kreuzkümmelsamen anrösten, bis sie knistern. Zwiebeln dazugeben und glasig braten. Die Kokosnussmasse dazugeben und unter Rühren 2 Min. braten. Die Kokosmilch angießen und offen bei mittlerer Hitze in ca. 20 Min. einköcheln lassen, dabei ab und zu umrühren.

5 Den Fisch salzen, pfeffern und unter die Kokossauce rühren. Zugedeckt bei schwacher Hitze in ca. 15 Min. garen. Mit Salz, reichlich Pfeffer und Garam Masala abschmecken. Mit dem beiseite gelegten Koriander garnieren. Mit Reis servieren.

TIPP – FRISCHE KOKOSNUSS

Keine Angst vor Kokosnüssen, sie lassen sich einfach öffnen: Mit einem Schraubenzieher eine der »Augen« (die dunklen Flecke an einem Ende der Nuss) aufbohren und das Kokoswasser herausgießen. Mit einem Hammer rundherum in einer Linie kräftig draufschlagen, bis die Nuss aufspringt.

TIPP – EIN FISCH FÜR GÄSTE

Wie wäre es mal mit einem ganzen Fisch in Sauce? Wunderbar geeignet sind ganze Doraden, Forellen oder ein Zander. Den oder die küchenfertigen Fische wie die Filetwürfel in die Sauce legen, aber 25–30 Min. garen.

knusprig-würzig | Punjab-Spezialität

Fisch nach Amritsar-Art

1 kg weißes Fischfilet (z. B. Kabeljau, Seelachs)
Saft von 1 Zitrone
2 Knoblauchzehen
1 Stück frischer Ingwer (ca. 4 cm)
½–1 TL Chilipulver
½ TL Kurkumapulver
1½ TL Ajowan
150 g Kichererbsenmehl
Salz | Öl zum Frittieren

Für 4 Personen | 55 Min. Zubereitung
Pro Portion ca. 400 kcal, 51 g EW, 14 g F, 18 g KH

1 Die Filets waschen, trockentupfen und jeweils in 2–3 große Stücke schneiden. Mit der Hälfte Zitronensaft mischen und 20 Min. marinieren.

2 Knoblauch schälen und durchpressen. Ingwer schälen und reiben oder fein hacken. Mit Gewürzen und Kichererbsenmehl mischen. Ca. 180 ml Wasser und übrigen Zitronensaft zugeben, salzen und zu einem nicht zu dünnflüssigen Teig rühren. Fisch in den Teig geben und ca. 15 Min. ruhen lassen.

3 Öl ca. 3 cm hoch in eine Pfanne oder einen Topf geben und erhitzen. Darin die Fischstücke beidseitig in 5–7 Min. knusprig braun braten. Heiß, evtl. mit Zitronenachteln servieren.

TIPP

Bei dieser Punjab-Spezialiät wird oft noch etwas orangefarbene Speisefarbe zugegeben, die für den Geschmack keine Bedeutung hat. Zusätzliches Aroma bringt dagegen etwas Garam Masala oder Chaat Masala, das Sie vor dem Servieren über den Fisch streuen können.

kokosmild | aus Kerala

Garnelen-Kokos-Curry

16 große Garnelen (ca. 450 g)
1 grüne Chilischote
1 große reife Tomate
60 g Kokosraspel
2 kleine Zwiebeln
2 Knoblauchzehen
1 Stück frischer Ingwer (ca. 2 cm) | 2 EL Öl
½ Stange Zimt | 3 Nelken
¼ TL Kurkumapulver
200 ml Kokosmilch (aus der Dose)
Salz | schwarzer, grob gemahlener Pfeffer

Für 4 Personen | 45 Min. Zubereitung
Pro Portion ca. 320 kcal, 22 g EW, 24 g F, 4 g KH

1 Die Garnelen schälen, am Rücken aufschneiden und die schwarzen Darmfäden entfernen. Chilischote halbieren und entkernen. Stielansatz der Tomate entfernen. Die Tomate kurz überbrühen, häuten und würfeln.

2 Kokosraspel in ca. 150 ml Wasser einweichen. Zwiebeln, Knoblauch und Ingwer schälen und fein hacken. Öl in einer Pfanne oder im Wok erhitzen, darin Zimt und Nelken ca. 1 Min. rösten. Zwiebeln zugeben und hellbraun braten. Knoblauch, Ingwer, Kokosraspel und Kurkumapulver zugeben und unter Rühren braten, bis das Wasser verdunstet ist.

3 Ca. ein Viertel von der Kokosmilch unterrühren, unter Rühren fast einkochen lassen. 200 ml Wasser und übrige Kokosmilch zugießen. In 10–15 Min. sämig einkochen lassen, salzen und pfeffern. Garnelen und Tomate zugeben, zugedeckt bei mittlerer Hitze in 5–7 Min. garen. Mit Pfeffer übermahlen.

oben: Garnelen-Kokos-Curry | unten: Fisch nach Amritsar-Art

Klassiker der Mogul-Küche

Hühner-Biriyani

Beeindrucken Sie Ihre Gäste! Ein königlich gehaltvolles Gericht, das auch was fürs Auge bietet: Die Reiskörner sind teils weiß, teils safrangelb gefärbt.

1 küchenfertiges Hähnchen (ca. 1 kg, zerlegt in 8 Teile)
1 Stück frischer Ingwer (ca. 3 cm)
2 Knoblauchzehen
200 g Joghurt
1 TL gemahlener Kreuzkümmel
3/4 TL Chilipulver
6 grüne Kardamomkapseln | Salz
4 Zwiebeln | 7 EL Ghee
2 braune Kardamomkapseln
5 Nelken | 1 Stange Zimt
400 g Basmatireis
50 g Rosinen | 4 EL Milch
10–12 Safranfäden
5 EL Mandelblättchen

Für 4 Personen | 25 Min. Zubereitung
2 Std. Marinieren | 105 Min. Garen
Pro Portion ca. 960 kcal, 22 g EW, 24 g F, 4 g KH

1 Die Hähnchenteile häuten, waschen und trockentupfen. Ingwer und Knoblauch schälen und fein hacken. Beides mit Joghurt, gemahlenem Kreuzkümmel, Chilipulver, im Mörser zerdrückten grünen Kardamomkapseln und Salz verrühren. Das Fleisch damit verrühren und zugedeckt im Kühlschrank mindestens 2 Std. marinieren.

2 2 Zwiebeln schälen und hacken. 3 EL Ghee in einem Topf erhitzen, darin die ganzen Gewürze 1 Min. anrösten, Zwiebeln zugeben und braun anbraten. Hähnchen samt Marinade dazugeben und unter Rühren aufkochen lassen. Zugedeckt bei schwacher Hitze ca. 1 Std. köcheln lassen, dabei ab und zu umrühren. Evtl. etwas Wasser zugeben.

3 Inzwischen den Reis 30 Min. in kaltem Wasser einweichen. In einem Sieb abbrausen und mit den Rosinen in reichlich, leicht gesalzenem Wasser 5 Min. kochen. Abgießen und abtropfen lassen.

4 Den Backofen auf 180° vorheizen. Hähnchen mit Sauce in eine ofenfeste Form (ideal ein Römertopf) geben. Den Rosinenreis darauf verteilen.

5 Milch mit 2 EL Ghee erhitzen, darin den Safran auflösen. Safranmilch löffelweise über den Reis geben (Bild 1 und 2). Die Form mit Deckel oder Alufolie fest verschließen. Im heißen Ofen (Mitte, Umluft 160°) ca. 1 Std. garen.

6 Die übrigen Zwiebeln schälen, halbieren und in feine Streifen schneiden. Übriges Ghee erhitzen, darin die Mandelblättchen hellbraun rösten, herausnehmen. Zwiebeln darin braun braten. Reis und Fleisch auf einer Platte mischen. Zwiebeln und Mandeln darüber streuen und servieren. Evtl. eine Raita (siehe Seite 19) dazureichen.

VARIANTE – HYDERABADI BIRIYANI

Safran nur in Milch auflösen (Ghee weglassen) und mit 250 g Joghurt, 2 EL Zitronensaft und je 3 EL gehackter Minze und Koriandergrün mischen. Davon die Hälfte aufs Fleisch geben. Mit der Hälfte Reis abdecken. Zweite Hälfte Joghurt und übrige Hälfte Reis darüber schichten. Garen wie oben beschrieben.

1

2

3

fruchtig-cremig | Spezialität aus Hyderabad

Huhn in Mangosauce

750 g Hähnchenbrustfilet
2 Zwiebeln
2 Knoblauchzehe
1 Stück frischer Ingwer (ca. 4 cm)
4 EL Öl | 1 TL Chilipulver
½ TL Kurkumapulver | Salz
¼ Bund Koriandergrün
200 g Joghurt
¼ TL Garam Masala
400 g Mangopüree (Dose, aus dem Asienladen)

Für 4 Personen | 1 Std. Zubereitung
Pro Portion ca. 393 kcal, 46 g EW, 10 g F, 28 g

1 Fleisch 5 cm groß würfeln. Zwiebeln, Knoblauch und Ingwer schälen, getrennt fein hacken. 3 EL Öl erhitzen, darin die Hälfte Zwiebeln braun braten. Ingwer und Knoblauch zugeben, 1 Min. braten. ½ TL Chili- und das Kurkumapulver darüber stäuben, 3 EL Wasser zugeben und 1 Min. rühren. Fleisch zugeben, salzen und unter Rühren 2–3 Min. braten, 150 ml Wasser zugießen und zugedeckt bei schwacher Hitze 40 Min. köcheln lassen.

2 Koriandergrün waschen und trockenschütteln, die Blättchen hacken und etwas beiseite legen. Übriges Öl erhitzen, darin die übrigen Zwiebeln anbraten. Joghurt mit Koriandergrün, übrigem Chilipulver und Garam Masala mischen, zu den Zwiebeln geben und bei mittlerer Hitze 3–4 Min. rühren. Mangopüree unterrühren, 1 Min. köcheln lassen.

3 Mangosauce zum Fleisch geben, bei starker Hitze unter Rühren in 2–5 Min. sämig einkochen lassen, salzen, mit Koriandergrün bestreut servieren.

Murgh Malai Korma | sahnig-mild

Huhn in Mandelsauce

750 g Hähnchenbrustfilet
5 EL gemahlene geschälte Mandeln
3 grüne Kardamomkapseln
½ TL Chilipulver
je ½ TL Nelken- und Zimtpulver
1½ Tl Garam Masala | 100 g Joghurt
2 Knoblauchzehen
200 g passierte Tomaten (Tetrapack)
Salz | 1 Zwiebel
2 EL Ghee | 100 g Sahne

Für 4 Personen | 20 Min. Zubereitung
6 Std. Marinieren | 1 Std. 15 Min. Garen
Pro Portion ca. 410 kcal, 47 g EW, 20 g F, 7 g

1 Fleisch 5 cm groß würfeln. Mandeln mit 6 EL heißem Wasser verrühren. Kardamom im Mörser zerstoßen, mit den übrigen Gewürzen, Mandeln und Joghurt verrühren. Knoblauch schälen, dazupressen. Tomaten unterrühren und mit ca. ½ TL Salz würzen. Mit Fleisch mischen und zugedeckt im Kühlschrank mindestens 6 Std. marinieren.

2 Backofen auf 180° vorheizen. Zwiebel schälen und hacken. Ghee in einem weiten Topf oder Bräter erhitzen, darin die Zwiebel braun anbraten. Huhn samt Marinade zugeben, unter Rühren zum Kochen bringen. Sahne unterrühren, 2 Min. köcheln lassen.

3 Zugedeckt im Ofen (unten, Umluft 160°) ca. 1 Std. 15 Min. garen. Dabei gelegentlich umrühren und ggf. etwas Wasser angießen. Topf herausnehmen, den Inhalt auf dem Herd bei starker Hitze unter Rühren 3–5 Min. kochen lassen, bis die Sauce dick und sämig ist. Mit Reis oder Brot servieren.

oben: Huhn in Mandelsauce | unten: Huhn in Mangosauce

scharf-würzig | Klassiker aus dem Punjab

Lammcurry

Kräftig gewürzte, sämige Lammcurrys sind eine Spezialität nordindischer Küche: Ihr Geheimnis? Jede Menge Zeit beim gemütlichen Schmoren!

1 kg Lammfleisch mit Knochen (z. B. Haxen, Rückenkoteletts oder Keule vom Metzger in Stücke zerteilt)
150 g Joghurt
2 Zwiebeln
3 Knoblauchzehe
1 Stück Ingwer (ca. 4 cm)
3 EL Öl
2 braune Kardamomkapseln
6 grüne Kardamomkapseln
1 Lorbeerblatt
2 TL gemahlener Koriander
¾–1 TL Chilipulver
½ TL Kurkumapulver
Salz
200 g stückige Tomaten (aus der Dose)
1 TL gemahlener Kreuzkümmel

Für 4 Personen | 20 Min. Zubereitung
1 Std. Marinieren | 105 Min. Garen
Pro Portion ca. 580 kcal, 46 g EW, 10 g F, 26 g KH

1 Das Lammfleisch mit Küchenpapier trockentupfen, mit dem Joghurt mischen und zugedeckt im Kühlschrank 1 Std. marinieren.

2 Zwiebeln, Knoblauch und Ingwer schälen und getrennt fein würfeln.

3 Das Öl in einem Topf erhitzen, darin Kardamomkapseln und Lorbeerblatt ca. 30 Sek. rösten, bis es knistert. Zwiebeln zugeben und unter Rühren hellbraun braten. Die Hälfte von dem Ingwer und Knoblauch zugeben und unter Rühren weitere 30 Sek. braten. Koriander-, Chili- und Kurkumapulver darüber stäuben, 30 Sek. weiterrühren.

4 Das Fleisch samt Joghurt zugeben, salzen und unter Rühren aufkochen lassen und bei schwacher Hitze in 1 Std. 45 Min. garen. Gelegentlich umrühren und ggf. immer wieder 2–3 EL Wasser zugeben, damit die Sauce nicht anbrennt.

5 Die Tomaten, den übrigen Ingwer und Knoblauch zugeben und bei starker Hitze ca. 5 Min. braten, dabei immer wieder kräftig durchrühren. Am Ende Kreuzkümmelpulver und evtl. nochmals Chilipulver zugeben und 1 weitere Min. rühren. Heiß mit Brot oder Reis servieren.

TIPP – VIEL HITZE

Sämig satte Saucen sind ein Kennzeichen vieler nordindischer Gerichte. Um dies zu erreichen, wird kaum Flüssigkeit während des Garens zugegeben, alles gart im eigenen Saft. Zusätzlich werden die Saucen gegen Garzeitende nochmals unter extremer Hitze eingekocht; »Bhunno« nennt man diese Technik. Dabei heißt es am Ball bleiben: Immer wieder kräftig in kurzen Intervallen rühren, sobald sich das Öl von der Sauce trennt.

Dahi Gosht | säuerlich-würzig

Lamm in Joghurtsauce

800 g Lammfleisch (aus der Keule)
1 Stück frischer Ingwer (ca. 4 cm)
3 Knoblauchzehen
450 g Joghurt
8 grüne Kardamomkapseln
5 Nelken
1 Stange Zimt
2 TL edelsüßes Paprikapulver
1½ EL gemahlener Koriander | Salz
3 große Zwiebeln | 5 EL Ghee

Für 4 Personen | 15 Min. Zubereitung
6 Std. Marinieren |105 Min. Garen
Pro Portion ca. 680 kcal, 41 g EW, 53 g F, 10 g KH

1 Das Fleisch trockentupfen und in ca. 4 cm große Stücke schneiden. Ingwer und Knoblauch schälen, fein hacken, mit dem Joghurt mischen. Die ganzen Gewürze im Mörser zerstoßen. Mit den gemahlenen Gewürzen, Salz und Joghurt verrühren Das Fleisch untermischen und zugedeckt im Kühlschrank mindestens 6 Std. marinieren.

2 Die Zwiebeln schälen und klein würfeln. Das Ghee in einem Topf erhitzen, darin die Zwiebeln braun anbraten. Lamm mit Marinade zugeben und unter Rühren aufkochen und zugedeckt bei schwacher Hitze 1 Std. 45 Min. kochen lassen, dabei gelegentlich umrühren. Sollte die Sauce zu sehr einkochen, wenig Wasser angießen.

3 Das Fleisch offen bei starker Hitze 3–5 Min. unter Rühren braten, bis sich das Fett nach oben absetzt und die Sauce stark und sämig eingedickt ist, evtl. salzen. Heiß mit Reis oder Brot servieren.

Klassiker aus Goa | höllisch scharf

Schweinefleisch-Vindaloo

1 TL schwarze Pfefferkörner
7 grüne Kardamomkapseln
6 Nelken | 200 ml Weißweinessig
2 EL brauner Zucker
750 g Schweinefleisch in Stücken (Gulasch)
3 große Zwiebeln | 2 Knoblauchzehen
1 Stück frischer Ingwer (ca. 2 cm)
4–8 getrocknete Chilischoten
2 Stangen Zimt
1 TL Kreuzkümmelsamen
2 TL Korianderkörner
½ TL Kurkumapulver
3 EL Öl | Salz

Für 4 Personen | 20 Min. Zubereitung
12 Std. Marinieren | 1 Std. Garen
Pro Portion ca. 360 kcal, 43 g EW, 14 g F, 19 g KH

1 Pfefferkörner, Kardamom und Nelken zerstoßen. Mit 120 ml Essig und Zucker verrühren. Mit Fleisch mischen, zugedeckt 12 Std. marinieren.

2 Zwiebeln schälen, würfeln. Knoblauch und Ingwer schälen, fein hacken oder reiben. Getrocknete Chilischoten, Zimt, Kreuzkümmelsamen, Korianderkörner im Mörser fein zerstoßen. Mit Kurkumapulver, Ingwer, Knoblauch und übrigem Essig mischen.

3 Öl erhitzen, darin die Zwiebeln anbraten. Gewürz-Essig-Mischung zugeben, unter Rühren braten, bis sich das Öl absondert. Das Fleisch samt Marinade zugeben, salzen und 2–3 Min. braten. 450 ml Wasser zugeben, zugedeckt bei schwacher Hitze in ca. 45 Min. garen. Offen bei mittlerer Hitze in weiteren 10–15 Min. sämig einkochen lassen.

oben: Lamm in Joghurtsauce | unten: Schweinefleisch-Vindaloo

Ajowan

Die Samen eines indischen Doldengewächses erinnern im Geschmack an Kreuzkümmel und etwas an getrockneten Thymian. Sie sind sehr geschmacksintensiv, daher sparsam verwenden. Besonders viel Geschmack können die Körnchen entfalten, wenn man sie vor dem Verarbeiten im Mörser leicht anquetscht.

Amchoor

Das graubeige Pulver aus getrockneten grünen Mangos schmeckt leicht säuerlich und kann gut durch frisch gepressten Zitronen- oder Limettensaft ersetzt werden.

Asafoetida (Hing)

Beißend und leicht schwefelig ist der Geruch dieses Gewürzes, das deshalb auch »Teufelsdreck« genannt wird. Das pulverisierte Harz einer Fenchelart ersetzt in Indien häufig Knoblauch und Zwiebeln. Da es gegen Blähungen hilft, ist es ideal bei Gerichten mit Hülsenfrüchten. Meist wird es kurz in heißem Fett angeröstet, das mildert auch den unangenehmen Geruch.

Bockshornklee (Methi)

Den intensiven Geruch der ockerfarbenen, äußerst harten Bockshornkleesamen kennt man von vielen Currymischungen. Ihr leicht bitterer Geschmack verstärkt sich bei großer Hitze, deshalb nicht zu lange anbraten.
Bockshornkleeblätter gibt es in Europa leider nur getrocknet. Zum Würzen am besten klein zerrebeln.

Chapatimehl (Atta)

Hierbei handelt es sich um ein fein gemahlenes Vollkornmehl. Sollten Sie es nicht bekommen, greifen Sie zu Weizenmehl Type 1050.

Bockshornkleesamen und -blätter

Chaat Masala

Diese Gewürzmischung wird für Salate, Rohkost und sogar Obst verwendet. Genau so gerne streut man das Pulver auch über fertige Gerichte, wie z. B. Dal, gegrilltes Fleisch oder Fisch. Besondere Geschmacksgeber in Chaat Masala sind das saure Amchoorpulver und das schwefelig-mineralische indische Steinsalz. Chaat Masala gibt es als fertige Gewürzmischung in vielen Asienläden zu kaufen.

Ghee

Das indische Butterschmalz ist je nach Lagertemperatur flüssig oder fest. Im Gegensatz zu Butter ist es wie Öl hocherhitzbar. Vegetarier schätzen dabei Vanaspati-Ghee (auf pflanzlicher Basis). Vanaspati-Ghee bekommen Sie im Asienladen. Im Bioladen gibt es so genanntes »Kokos-Ghee«, das Sie genauso gut nehmen können. Usli-Ghee (aus Kuhmilchbutter) gibt es ebenfalls im Asiengeschäft, aber auch im Bioladen. Wer gar nicht fündig wird, kann natürlich Butterschmalz nehmen. Und alternativ zu Ghee ist auch immer Öl möglich. Sie können Ghee auch selber machen, es geht ganz einfach: 500 g Butter in einem Topf bei schwacher Hitze schmelzen. Dabei immer rühren, die Butter darf auf keinen Fall bräunen. Die geschmolzene Butter so erhitzen, dass sie leicht zu schäumen beginnt, bei schwacher Hitze 30 Min. köcheln lassen. Durch ein sauberes Tuch abgießen. In einem Schraubglas hält Ghee so im Kühlschrank wochenlang.

Kichererbsen (Channa)

Allen, die es schnell und unkompliziert lieben, seien Kichererbsen aus der Dose ans Herz gelegt. Wer getrocknete Kichererbsen selbst kochen möchte, muss sie über Nacht in kaltem Wasser einweichen und ca. 1–1½ Std. Kochzeit einplanen. Etwas schneller garen die halbierten, polierten gelben Kichererbsen (Channa Dal), die auch nicht eingeweicht werden müssen.

Kichererbsenmehl (Besan)

Das leicht nussig schmeckende Mehl ist ideal für Teige oder zum aromatischen Andicken von Saucen. Sie bekommen es im Asiengeschäft und Bioladen.

Linsen (Dal)

Unter dem Begriff Dal werden in Indien viele Hülsenfrüchte gefasst, wobei einige streng genommen keine Linsen sind. Bei allen Sorten verkürzt sich die Kochzeit, wenn sie eingeweicht werden.

Gelbe Linsen (Toor Dal) sind halbierte gelbe Erbsen. Es gibt sie auch in geölter Form **(Arhar Dal).** Diese müssen erst in heißem Wasser eingeweicht werden. Das Wasser anschließend weggießen.

Rote Linsen (Masoor Dal)
Die geschälten halbierten Linsen garen sehr schnell und müssen nicht eingeweicht werden.

Schwarze Linsen (Urad Dal)
Diese Linsen werden ganz (dann sind sie wirklich schwarz), halbiert sowie halbiert und geschält (dann

Mangopüree

sind sie weiß!) angeboten. Geschmacklich macht das wenig Unterschied, aber Kochzeit und Farbe eines Gerichts können sich je nach verwendeter Sorte ändern.

Mungbohnen (Moong Dal)
Die grünen Mung- oder Mungobohnen gibt es auch halbiert. Geschälte Mungbohnen sind hellgelb und müssen praktischerweise nicht eingeweicht werden.

Mangopüree

Indische Mangos sind leider schwer erhältlich (und nur von ca. Mai bis Juli). Sie unterscheiden sich jedoch sehr von den hier gängigen Sorten: Sie sind äußerst aromatisch, süß und faserfrei. Zum Glück gibt es aber Mangopüree (Mango-Pulp) aus indischen Alphonso-Mangos im Asienladen.

Mungbohnen

– siehe Linsen

Panch Phoran

»Fünf Gewürze« lautet die Übersetzung dieser bengalischen Gewürzmischung. Sie besteht aus ungemahlenen braunen Senfkörnern, Bockshornkleesamen, Kreuzkümmel, Zwiebelsamen und Korianderkörnern. Asiatische Lebensmittelgeschäfte bieten sie abgepackt an.

Tamarinde (Imli)

Das Mark der Fruchtschoten des Tamarindenbaums gibt es auch zu Blöcken gepresst im Asienladen zu kaufen. Man zerteilt es und weicht es in heißem Wasser ein (15–30 Min.). Anschließend muss das Mark durch ein feinmaschiges Sieb gepresst werden, da noch Kerne und Faserstücke enthalten sind. So lässt es sich je nach Wunsch weiterverarbeiten.
Im Asiengeschäft gibt es auch schon fertigen Tamarindenextrakt. Allerdings ist er meist gezuckert und mit Zusatzstoffen versehen.

Tamarinde

Zum Gebrauch
Damit Sie Rezepte mit bestimmten Zutaten noch schneller finden können, stehen in diesem Register zusätzlich auch beliebte Zutaten wie **Chili** oder **Linsen** – ebenfalls alphabetisch geordnet und **hervorgehoben** – über den entsprechenden Rezepten.

A

B

C

D/E

F

G

H/I/J

K

Unsere Garantie

Alle Informationen in diesem Ratgeber sind sorgfältig und gewissenhaft geprüft. Sollte dennoch einmal ein Fehler enthalten sein, schicken Sie uns das Buch mit dem entsprechenden Hinweis an unseren Leserservice zurück. Wir tauschen Ihnen den GU-Ratgeber gegen einen anderen zum gleichen oder ähnlichen Thema um.

Liebe Leserin und lieber Leser,

wir freuen uns, dass Sie sich für ein GU-Buch entschieden haben. Mit Ihrem Kauf setzen Sie auf die Qualität, Kompetenz und Aktualität unserer Ratgeber. Dafür sagen wir Danke! Wir wollen als führender Ratgeberverlag noch besser werden. Daher ist uns Ihre Meinung wichtig. Bitte senden Sie uns Ihre Anregungen, Ihre Kritik oder Ihr Lob zu unseren Büchern. Haben Sie Fragen oder benötigen Sie weiteren Rat zum Thema? Wir freuen uns auf Ihre Nachricht!

Wir sind für Sie da!
Montag – Donnerstag: 8.00 – 18.00 Uhr;
Freitag: 8.00 – 16.00 Uhr
Tel.: 0180 - 500 50 54*
Fax: 0180 - 501 20 54*
*(0,14 €/Min. aus dem dt. Festnetz/Mobilfunkpreise max. 0,42 €/Min.)
E-Mail:
leserservice@graefe-und-unzer.de

P.S.: Wollen Sie noch mehr Aktuelles von GU wissen, dann abonnieren Sie doch unseren kostenlosen GU-Online-Newsletter und/oder unsere kostenlosen Kundenmagazine.

GRÄFE UND UNZER VERLAG
Leserservice
Postfach 86 03 13
81630 München

Projektleitung: Sabine Schlimm, Birgit Rademacker
Lektorat: Maryna Zimdars
Layout, Typografie und Umschlaggestaltung: independent Medien-Design, München
Satz: Liebl Satz+Grafik, Emmering
Herstellung: Petra Roth
Reproduktion:
Penta Repro, München
Druck und Bindung:
Appl, Wemding
Syndication:
www.jalag-syndication.de

ISBN 978-3-8338-0308-6
5. Auflage 2011

GRÄFE UND UNZER

Ein Unternehmen der
GANSKE VERLAGSGRUPPE

Die Autorin

Tanja Dusy ist seit Anfang 2001 Redakteurin im GRÄFE UND UNZER VERLAG. Auf mehreren großen Indienreisen entdeckte sie ihre Begeisterung für die gewürzduftende indische Küche und hat bereits ein umfangreiches Kochbuch zu diesem Thema veröffentlicht.

Der Fotograf

Klaus-Maria Einwanger und der Foodstylist **Michael Pannewitz** machen als Foodfactory mit Leidenschaft aus Essen Kunst. Da sie beruflich häufig in Indien zu tun haben, haben sie die Fotos dieses Buches mit viel authentischer Atmosphäre in Szene gesetzt.

Bildnachweis:

Titelfoto: Joerg Lehmann, Paris; Seite 5: Tanja Dusy, München; alle anderen: Klaus-Maria Einwanger, Rosenheim

Titelbildrezept

Das Rezept »Samosa mit Minzchutney« finden Sie auf Seite 11

Kochlust pur

Die neuen KüchenRatgeber – da steckt mehr drin

ISBN 978-3-8338-0303-1
64 Seiten

ISBN 978-3-8338-0304-8
64 Seiten

ISBN 978-3-8338-0306-2
64 Seiten

ISBN 973-3-8338-1834-9
64 Seiten

ISBN 973-3-8338-0317-8
64 Seiten

ISBN 978-3-8338-1631-4
64 Seiten

Das macht sie so besonders:

- **Neue mmmh-Rezepte** – unsere beste Auswahl für Sie
- **Praktische Klappen** – alle Infos auf einen Blick
- **Die 10 GU-Erfolgstipps** – so gelingt es garantiert

G|U

Willkommen im Leben.

küchengötter.de
powered by G|U

Einfach göttlich kochen und himmlisch speisen?

Die passenden Rezepte, Küchentipps und -tricks

in Wort und Film finden Sie ganz einfach unter:

www.küchengötter.de

Indisch kochen – so geht's auch…

1 Wenn nur ganze oder gemahlene Gewürze da sind

Ganze Gewürze können Sie grundsätzlich einfach im Mörser zerstoßen. Wenn Sie aber im Rezept angegebene ganze Gewürze durch gemahlene ersetzen, diese auf keinen Fall lange anrösten. Erst später mit den übrigen Zutaten wie Fleisch oder Gemüse zugeben.

2 Wenn es kein Ghee gibt

Ghee können Sie immer durch Butterschmalz ersetzen. Wer auf tierisches Fett verzichten will oder Öl bevorzugt, greift stattdessen zu einem neutralen hocherhitzbaren Öl, wie z. B. Erdnuss- oder Rapsöl.

3 Wenn Frisches im Haus fehlt

Knoblauch, Ingwer und Minze gibt es im asiatischen Lebensmitteladen im Glas als Paste. Tamarinde können Sie ebenfalls bereits als fertiges Konzentrat kaufen. Kichererbsen und Tomaten aus der Dose sind praktisch und lassen sich fix verarbeiten.

4 Wenn Sie keine Kokosnuss knacken möchten

Anstelle von frischem Kokosnussfleisch können Sie Kokosraspel mit gut der doppelten Menge heißem Wasser übergießen. 10 Min. quellen lassen und dann am besten mit Kokosmilch verarbeiten. Das verstärkt den Geschmack.

5 Wenn Sie Brot und Chutneys nicht selber machen wollen

Statt Chapatifladen fertige, mexikanische Weizenmehltortillas kaufen und aufrösten. Statt frischem Naan-Brot schmeckt auch mal türkisches Fladenbrot. Chutneys gibt es im Asienladen in großer Auswahl für jeden Geschmack.